大夏书系 ｜ 教育常识

姚跃林／著

让生命
因教育更幸福

华东师范大学出版社
·上海·

| 序 |
话说完了

　　本书是我的教育演讲录，收录的主要是我在开学典礼、毕业典礼上的致辞，也是拙著《让教育更加尊重生命——姚跃林教育演讲录》（华东师范大学出版社，2019 年 5 月）的续编。

　　自 2007 年 9 月就任厦门大学附属实验中学（简称"厦大附中"）创校校长，成为学校第一位教师始，到 2023 年 10 月退休卸任，我在厦大附中工作了 16 年。从 2008 年 9 月 1 日开校揭牌到 2023 年秋季开学，15 个学年 31 个开学季，我作了 29 次开学典礼致辞。从 2014 年（高中第三届、初中第四届）首次举办毕业典礼到 2023 年共计举办 20 个毕业典礼，我作了 19 次毕业典礼致辞。也即在全部 51 个开学典礼、毕业典礼上，我作了 48 次致辞。

　　让我自感宽慰的是，这 48 次致辞，我没有念过旧稿，不曾让人代写一个字。每次演讲，我都要直面学生、立足校园、放眼教育，精心准备。

很多篇演讲稿我用了半年或一年的时间在准备，通常是结束上一次的演讲就开始准备下一次的演讲。我说自己的话，写自己的文，讲附中的故事，用学生喜欢的话讲学生能听懂的道理，努力用不同的话题阐释人生哲理，阐扬教育之魂，弘扬为师之道。正因"文中有我"，少有官话、套话和令人生厌的腔调，才会有学生说"校长讲话我们很爱听呢"。"爱听"是学生对我演讲效果的最大褒奖。渐渐地，在厦大附中，校长演讲成了一个富有仪式感的校园文化符号，甚至成为学生和我共同期待的美好时刻，且为众多家长关注。

2021 届毕业生陈奇桢毕业前夕在给我的信中说："仍记得 2018 年入学的那个开学典礼，天公不作美，我们在操场集合时开始下小雨，原以为我们得在操场上淋一会儿雨，没想到您只匆匆讲了两分钟就结束。那时我便在下面感叹：这是我参加过最短的开学典礼，出乎我意料的校长！原以为您会经常在晨会上讲东西，没想到并没有。印象中，三年来您只在晨会上发言过几次，有两次都是关于'看书'的问题，教我们要尊重人。其实，我最期待的就是您发言，很喜欢您在会上说点儿什么，然而，机会很少。"是的，我除了这每年四次典礼的演讲，其他的讲话很少。我担任了 27 年校长，从来不让办公室准备讲稿，所有文字、PPT 都自己动手。党委会、行政会、教师会只是按议事提纲讲话，从来不会长篇大论、照本宣科，也不准备讲话稿。本质上我是个寡言之人，能不讲话绝不多言。

诚如我在《让教育更加尊重生命——姚跃林教育演讲录》的序《说来说去》中所言："我从未有过编辑一部自己的演讲录的想法。这些内部演讲大有'不足为外人道也'的意味。特别是在开学典礼上的致辞，难免要'盘点''展望'，于己必要，编成书就成了'流水账'。学校教育规律性很强，不会日新月异，某种程度上就是'重复'。"从这个角度来说，我的演讲不是为出版准备的。朱永通先生极富想象力和创意，策划出版了《让教育更加尊重生命——姚跃林教育演讲录》，四年四次印刷，反响良好，个中原因也许正是其朴素而真诚。正因如此，才会有《让生命因教育更幸福》的面世。

我为何如此重视开学典礼、毕业典礼的致辞，要花那么长的时间自己准备演讲稿？这与我的学校治理理念有关。贴近学生做教育，贴近学生办学校，贴近学生当校长，典礼就是重要的途径，是校长贴近全体或众多学生的大好时机。校长的办学理念与某位教师的实际教育行为之间相距十万八千里，校长有机会直面学生谈自己的教育理想是拉近这个距离的最好方式之一。如果让校长面向全校师生上一堂课的话，最可行的方式就是演讲。这样一堂数百人乃至几千人参与的"大课"，不百倍地重视能行吗？一个校长，如果对"人"的成长有过正确的期许，对教育有真切、系统的理解，对教育的目的、方法、路径有过长期的思考，对理想教育、理想学校有过深情的憧憬，那么，他和学生交流起来就一定能娓娓道来、深入浅出、入心入脑。这样的交流，他人如何能代劳？除非言不由衷、人云亦云。而就我本人而言，我对文字自身的要求也比较高，简单地说，很少有人能写出令我满意的稿子，不管其文辞多么漂亮。我希望，我的演讲不仅发自内心，而且恰到好处地阐释道理，同时，还能以此引导学生感悟什么是好的、美的表达。能胜任这个工作的只有我自己！我不怕言而无文，不怕啰唆，不怕说错，就怕不是"我"说的。如果我没有发自内心的倾诉欲望而要照读别人写好的稿子以拿腔作调、装腔作势的话，我宁可不讲！

回顾这不同时段典礼上不同话题、不同主题的演讲，有一个词一直在重复，这就是"幸福"。我经常问自己："我"和"我们"奋斗、拼搏的目的何在？我的回答是为了"我"和"我们"的幸福，也即全人类的幸福。2012 年 6 月 28 日，联合国大会通过了 66/281 号决议，宣布每年的 3 月 20 日为"国际幸福日"，并强调"意识到追求幸福是人的一项基本目标""幸福和福祉是全世界人类生活中的普遍目标和愿望，具有现实意义，在公共政策目标中对此予以承认具有重要意义"。巧合的是，就在第 66 届联合国大会通过 66/281 号决议设立"国际幸福日"的前三周，2012 年 6 月 6 日傍晚，我在几位厦大附中首届毕业生的毕业留言簿上题写了"做幸福的平凡人"的留言，从此，"做幸福的平凡人"成为附中校园里的流行语。"幸福"是厦大附中文化的核心词之一。

在2008年9月1日上午举行的厦大附中揭牌暨开学仪式上，我作了《我们正在创造历史，历史终将铭记我们》的致辞。我在致辞中说："我们将'以人为本，以德育人，自立立人，和谐发展'作为办学理念，创造学生自我可持续发展的教育。"还特别提出，"实现教育对人的起码尊重是我们必须面对的现实课题"。2023年秋季开学季，我在《当向往成为现实》的致辞中说："一个人最重要的觉悟，就是认识自己的能力和价值所在。每个人都有自己擅长和不擅长的事。只有足够了解自己，才能不受外物羁绊，选择最适合的道路，心无旁骛地走下去。当你能找对定位，认准方向，你的人生自然就能拾级而上，越走越高，你将变成更好的自己，你想要的生活才会奔你而来。我们要珍惜时光、珍惜生命，要做那些自己真正喜欢、真正能做的事，要用一辈子的追寻活出生命的意义。"厦大附中16年，我一直在歌颂生命，可谓一以贯之。2017年春，《福建教育》约我写篇文章谈谈厦大附中办学近十年来都做了些什么、未来准备怎么做。我写了《让教育更加尊重生命》，发表于《福建教育》2017年第33期。我在文章中说，过去十年我们就做了一件事——让教育尊重生命，未来我们还做一件事——让教育更加尊重生命。因此，可以说，"生命"是厦大附中文化的另一个核心词。

连接"生命"和"幸福"的重要桥梁是"教育"。为什么是《让教育更加尊重生命》？为什么是《让生命因教育更幸福》？因为我演讲的高频词是"生命""教育""幸福"。如果不尊重生命，如果不能让人更幸福，那么，所有的教育皆可废除！让教育更加尊重生命，让生命因教育更幸福，这既是我的教育理想，也是我40年教师生涯的全部实践。我的演讲，由内是理想的抒发，而外是现实的描绘。我不需要引经据典、旁征博引，只需要我手写我心，率性而为，自然流淌。

2023年2月1日，我在春季开学典礼上作了《教育为人生》的致辞，追问"教育为何，何为教育，教育何为"。我说："学习或者说接受教育的第一目的不是知识本身，甚至也不是获取知识的方法，而是在充满不确定性的世界中不断明晰确定性的能动性，养成一种自我可持续发展的能力，以期以不变应万变。""厦大附中就是一种人生态度，就是一种生活方式。如果说厦大附中是一种人生态度，这个态度就是指做幸福的平凡人；如果说厦大附中是一种生活方式，这种生活方式就是拼搏进取、守正创新，就是自强不息、止于至善的校训精神。"此后，我一边准备6月的两场毕业典礼致辞，一边考虑秋季开学致辞。6月10日高中毕业典礼的致辞是《告别附中，我们应该带走什么》。告别附中，我们带走什么？是人生态度和生活方式。6月30日的初中毕业典礼上，我的致辞是《假如输在起跑线上》，其中说道："就知识和能力的学习和掌握本身而言，从长远看，人为设置教育的起跑线并且将这个起跑线越来越往前推，既不科学更不人道。所以，我不认为人生有所谓的起跑线，如果一定要说有，我觉得每时每刻都是起跑线，关键是你跑了没有。你跑起来的那个地方就是起跑线！"不难看出，连续三次致辞都围绕"生命""幸福""教育"。

因为 2023 年 6 月我已到退休时间，而我的辞职申请一年前的 6 月 1 日就已递交，虽然各级领导多番真诚挽留，但我退意已决。尽管如此，在没有正式离任前，我依然按常规主持学校日常工作，没有丝毫懈怠。我认真准备了秋季开学典礼的致辞《当向往成为现实》。厦大附中是众多学生向往的学校，向往的种子常常是很早就埋下了的。一旦梦圆，我们应当怎么度过附中时光，我在致辞中作了详细阐述。对于我自己，这次我是当作告别来演讲的，也是一种嘱托。因为台风以及暴风雨，开学日期几次延迟，而高中部因为全员寄宿已提前到校，初高中不同步，高中 9 月 1 日正式上课，初中 9 月 6 日正式上课，直到 9 月 8 日（周五）全校才第一次集中做操。9 月 9 日（周六）下午 3 点，学校公众号推出《当向往成为现实——2023—2024 学年第一学期开学致辞》，少了"典礼"两个字，这是第一次没有举办开学典礼。在我，这是唯一一次书面致辞。当晚，我再次向上级递交辞职申请。

9 月 9 日傍晚，我反复读了几遍《当向往成为现实》，习惯性地想，下一次典礼讲什么？我陷入了沉思……看着书橱里金克木先生的《书读完了》，突然一个念头冒出来：话说完了！关于人生、幸福、教育，我要对"纯白少年"（厦大附中学生代称）说的话已经说完了。事不过三，而我已讲了48次，全在这两本书里。

一个月后，2023年10月12日，学校新班子上任，我正式退休。

话说完了，告别正当其时！

姚跃林

2024年5月9日

目 录

幸福是人类生命的目的

上编

我缘何而教，你因何而学
——2015—2016 学年第一学期开学典礼致辞　003

用奋斗成就幸福的平凡人
——2018—2019 学年第二学期开学典礼致辞　007

我和我的祖国
——2019—2020 学年第一学期开学典礼致辞　012

附中因何而美丽
——2020—2021 学年第一学期开学典礼致辞　017

人生的首要使命是活出生命的意义
——2020—2021 学年第二学期开学典礼致辞　022

面对光明，阴影就在我们身后
——2021—2022 学年第一学期开学典礼致辞　029

幸福是人类生命的目的
——2021—2022 学年第二学期开学典礼致辞　034

教育为人生
——2022—2023 学年第二学期开学典礼致辞　041

当向往成为现实
——2023—2024 学年第一学期开学致辞　048

我为什么主张贴近学生做教育
——2024 年新学期开学致同事　053

怎样带给别人幸福

中编

品德是人的第一智慧
——2019 届高中毕业典礼致辞　063

我们如何走向未来
——2019 届初中毕业典礼致辞　068

漫漫人生，愿你诗意栖居
——2020 届高中毕业典礼致辞　072

当理想遥不可及时
——2020 届初中毕业典礼致辞　078

做一个高贵的人
——2021 届高中毕业典礼致辞　082

在学校里我们能学到什么
——2021 届初中毕业典礼致辞　088

做一个优秀且可爱的人
——2022 届高中毕业典礼暨成人礼致辞　093

认识你自己，成为你自己
——2022 届初中毕业典礼致辞　099

告别附中，我们应该带走什么
——2023 届高中毕业典礼致辞　104

假如输在起跑线上
——2023 届初中毕业典礼致辞　110

认识文化的魅力
——在首届校园文化月开幕式上的讲话　117

我感受到了校长完整的职业价值
——2015 春节团拜致辞　121

明天注定要到来　125

特殊的启迪与引领
——我与《福建教育》十年　130

办所有学生永远喜欢的学校
——在厦大附中校友会成立大会上的致辞　134

不为高考，赢得高考：一百天依然有一百种可能
——2022 届高考百日动员大会上的致辞　140

对孩子最大的不尊重就是无视　145

培养拔尖创新人才需要勇于担当
——在清华大学拔尖创新人才选拔与培养交流座谈会上的
发言　147

附中也如我们所愿
——在漳州开发区建区 30 周年庆祝大会上的获奖感言　151

创建即创业，示范即规范
——厦大附中 15 年　154

编辑札记　真爱是永恒的告白　179

做一个『幸福的平凡人』 ｜ 下编

上 编　幸福是人类生命的目的

我缘何而教，你因何而学

——2015—2016学年第一学期开学典礼致辞

尊敬的各位同事，亲爱的同学们：

大家上午好！

2015—2016学年度今天正式开学上课了。首先，我代表学校向初一、高一的新同学和新入职的20位老师表示热烈欢迎。对于学校而言，2015—2016学年也许只有纪年意义，但对于刚进附中的新老师和新同学来说则意义非同寻常。你们的人生将从今天开始，翻开了与以往完全不同的崭新一页。

过去的一个学年，我们学校取得了值得自豪和骄傲的办学业绩。中考综合比达69.60%，在全市170所学生对口入学、不择优的公办学校中排名第二。自首届初中毕业班中考以来，连续五年获得"漳州市初中教育教学质量先进学校"称号，继续保持"漳州市初中教育教学质量'信得过'学校"荣誉。高考本一达线率78.86%，本科达线率99.45%。考入"985"高校44人；考入"211"高校及海外名校123人，"211"录取人数占全部考生的三分之一。田文静、蔡乐津同学分别被坐落在北京和台湾新竹的海峡两岸清华大学录取，演绎了一段令人回味无穷的佳话。学校连续四年荣获"漳州市高中教学质量先进学校"称号。在市级以上学科竞赛中，获奖325人次。获得奥赛省一等奖1人、二等奖2人、三等奖 7 人，名列全市公办校第二。令我们期待的是，2015—2016 学年度奥赛成绩将会有更大幅度的提升，因为 2014—2015 学年度我们已经为此奠定了良好基础。在暑假进行的 2015 年全国中学生生物学竞赛中，我校一举夺得一等奖 2 名、二等奖 10 名、三等奖 3 名，共 15 位同学获奖，名列全市第一。在 2015 年全国化学奥赛中，我校有 14 人获市一等奖，占全市获奖人数的 35%，有 21 位同学入围前天在厦门大学举行的省赛。在 2015 年物理奥赛中，我校获市一等奖 13 人、二等奖 11 人、三等奖 6 人。物理、数学分别有 11 位和 4 位同学入围将于 9 月进行的省赛。同时，庄子鲲同学获得第 14 届全国英语创新大赛一等奖。谢仲铭、林嘉滢同学获得 2015 年福建省初中数学竞赛一等奖（全市仅 5 名）。柯志发同学获得希望杯全国数学竞赛金牌。我们有理由相信，在新的学年，我校的学科竞赛成绩将会迈上一个新的台阶。此外，教师在市级以上业务竞赛中获奖 40 人次。一批老师和同学被上级教育主管部门表彰。学校获得开发区"转型升级突出贡献奖"，获得由市委市政府联合颁发的 2012—2014 年度"文明学校"称号。

今天的厦大附中，渐以清新大气的教育形象、严谨而有内涵的学校文化、富有魅力的师生精神面貌、优良的师德水平和学生综合素养、出众的升学成绩赢得广泛赞誉。

厦大附中是一所具有坚定文化追求的学校。我们的办学理念是：以人为本，以德育人，自立立人，和谐发展。我们的教育追求是培育一流的教育服务品质，用合适的教育办学生喜欢的学校。我们的校训是：自强不息，止于至善。意思是自觉地积极向上、奋发图强、永不懈怠，通过不懈的努力，达到尽善尽美（而后才停止）。其内涵就是永不停息。我们的校风是：敦品、励学、笃志、尚行。意思是砥砺品德，发奋学习，专心一意，尊崇实践。我们的教风是：严谨治学，精心育人。学风是：尊师守纪，勤奋学习，生动活泼，全面发展。我们认为，校园文化建设的核心是人，是你我，是全体附中人。我们就是文化！同学们，我们要一日三省：在我们身上，承载了怎样的文化价值？换言之：我缘何而教，你因何而学？这正是我今天讲话的题目，也是讲话的主题。

尊敬的老师们，百年大计，教育为本，振兴教育，教师为本。我们从天南海北来到厦门湾南岸这块充满希望但尚在开发的土地上，所为何来？首先固然不排除是因为劳动和生存的需要，而更重要的是我们带着崇高的教育理想而来。我们应当有开拓者的勇气和自豪，要勇于担当，做有思想的学问，做有情怀的老师。学校因学生而存在，有学生，学校就有价值。我们要坚定地实践我们的教育理念，以德育人，以德启智，用强有力的教育实践能力为教育事业贡献自己的智慧。我相信，只要带着对教育、对学生的真挚感情，我们的理想就一定会像东海旭日冉冉升起，照亮天空。因此，要问我们老师缘何而教，我觉得是为了圆我们心中的梦：用"爱"点燃学生的智慧，用"智慧"装点学生的人生，用"人生"推动人类社会进步。

同学们，我们从四面八方来到具有坚定文化追求的厦大附中，问过自己"所为何来"没有？我想，无非也是为着一种崇高的追求而来。人为什么要有崇高的追求？因为苟活不是人类生存的目的，何况大自然的赏赐足以支撑人类更诗意、更高尚地活着；更重要的是，人们希望明天的世界比今天更美好。如果所有的人都留恋物欲，停留在物质满足的层面，在财富争来夺去的人间地狱中苟延残喘，明天就意味着更大的灾难。我认为，财富首先属于全人类，这是基本属性。如果道德和制度不是用来保障每个人的生存，就不是好的道德和制度。如果社会失去基本的道德自觉和调节能力，富人越来越富，穷人越来越穷，这个社会就不可能太平。所以，古往今来的圣贤，都以极大的责任感倡导追求崇高的精神满足。并非他们不食人间烟火，不懂人情世故，乱弹高调，相反，他们的选择恰恰是因"哀民生之多艰"、立志拯民于水火的情怀驱使而生成的大智慧；同样也是一种有效的、理性的自我拯救。如果失掉崇高的精神追求，人类物种健康而长久地延续将变得非常困难。显然，这不是我们的理想。所以，要问我们同学因何而学，我觉得也是为了圆我们心中的梦：用良善对待世界，用道德提升境界，用知识赢得未来，用奉献描绘人生，用人生报答"天恩"。

我们师生都是为了圆梦而来，为了心中的理想而来。无论是今天还是未来，我对各位同学都有着良好的期待和无尽的嘱咐，过去说过，今后还要说，今天就不说了。但我必须强调的是，环顾世界，令我们不得不忧虑，有一种诡异的力量以各种方式将人类推向灾难，正义的人们必须携起手来，坚定维护世界和平。为了建设全人类共有的美好世界，我们每个人都应当有所奉献。今年是世界反法西斯战争和中国人民抗日战争胜利70周年，后天将要在首都北京举行盛大的纪念活动和阅兵式。纪念先烈，纪念在战争中失去生命的同胞，纪念旷日持久的惨痛岁月，珍惜今天的和平，警惕各种非人道、反人道势力的增长。爱国是稳定世界的不朽力量，爱国就是全球胸怀，爱国需要实力。我希望附中学子，一定不做"精致的利己主义者"，一定要有家国情怀，要立志成为国之栋梁。我期待，我祝愿，我相信，你们一定"能"！

谢谢大家！

2015 年 9 月 1 日

用奋斗成就幸福的平凡人

——2018—2019 学年第二学期开学典礼致辞

尊敬的各位老师，亲爱的同学们：

大家新学期好！

刚刚过去的 2018 年在附中的发展史上具有特别的意义。2018 年 6 月 15 日，省教育厅下发《关于公布省一级达标高中首轮复查结果的通知》，我校被正式批准为省一级达标高中，这标志着学校发展的第一步战略目标实现。2018 年 12 月 29 日，省教育厅下发《关于公布福建省首批示范性普通高中建设学校名单的通知》，我校被正式批准为省示范高中建设学校，成功实现跨越发展。这一年，我们在校园建设、学校文化建设、师资队伍建设、学校服务品质提升、师生成长、中高考成绩、学科竞赛、"校园写作"特色培育、文体活动诸方面均有建树，教育服务能力和水平上升到更高层次。站在新的起点上，我想和大家分享的一句话是：用奋斗成就幸福的平凡人。

厦大附中的发展史就是一部内涵发展、质量兴校的奋斗史。在这里，奋斗是幸福快乐的自觉追求；在这里，奋斗本身就是幸福的；在这里，奋斗教育是对美好生活的诗意感受，是日复一日的踏实践行，是崇尚利他行为的美育。总之，在厦大附中，奋斗和幸福是互联的。今天，在厦大附中，不会有人视"做幸福的平凡人"为一种佛系。大家明白，幸福是一种智慧，幸福是一种能力，只有通过奋斗才能成就幸福的平凡人。

在厦大附中，奋斗教育不是被夸大的、单纯的"吃苦教育"，而是对美好生活的诗意感受。

奋斗源于热爱生活。只有憧憬美好生活的人才会奋斗。我们关注学生的"现实快乐"，实施人道的应试教育。努力让同学们乐于上学，喜欢课堂，免于恐惧，让教育更加尊重生命，让校园更富有诗意，努力让全体师生过上稍稍有点诗意的校园生活。

我们不赞成社会达尔文主义。人是智慧生物，所以通过道德和法律的约束，催生必要的利他行为，有利于人这个动物种群的延续。无论自然之子之间、人与自然之间、人与人之间充满着多么激烈的生存竞争，正确的解决之道依然不能放弃对精神世界的共同建构。只要有共同的精神追求，哪怕是只在精神大厦中拥有微不足道的一角安放自己的灵魂，不使自己迷失在单纯物质的追逐中，那么，稍稍有一点诗意地栖居是完全可能的。

我坚定地认为，校园应当是诗意的存在，我们要尽己所能，努力营造这种"诗意"的氛围。我所理解的诗意的校园就是充满着"美"和"好"的校园；我所理解的"诗意地栖居"就是能够暂时忘记无法改变的生存紧张。一切能够缓解"生存紧张"，使现时以及未来回忆充满美好的校园生活都可视为"诗意地栖居"。我们每个人奉献或与大家分享一点点美好，整个校园就会到处弥漫着大大的美好。

诗意生活是一种生活态度，与物质生活水平没有太直接的关系。没有乐器，可以有歌唱；没有剧院，可以有音乐、戏剧；没有标准田径场，可以有运动；没有咖啡座，照样可以促膝谈心；没有书籍，依然可以有故事；即使陷入生活绝境，只要心中有诗，则依然有爱的依恋……对于富有生活情趣的人来说，生活总是富有诗意的。如果我们重视丰富自己的精神世界，懂得灵魂交流的重要和精神价值分享的意义，从小事做起，身体力行，就一定能够在平凡的世界中诗意地栖居。如此，奋斗就不是以邻为壑式的竞争，而是共建精神大厦的合作。教会学生"爱"，让他体会到现实生活的美好并对未来美好生活充满无限憧憬，这就是奋斗教育。

在厦大附中，奋斗教育不是迷信精神力量的、单调的"励志教育"，而是日复一日的踏实践行。

教育不相信奇迹，实现理想不能坐等奇迹出现。但在厦大附中，没有铺天盖地的标语口号，没有隔三岔五的励志活动。志不立，则天下无可成之事。"靡不有初，鲜克有终。"成功从来只属于持之以恒、不懈奋斗的人。"幸福都是奋斗出来的。"梦想是百分之百的投入，是百折不挠的追求。把蓝图变为现实，将奋斗进行到底，无不呼唤不驰于空想、不骛于虚声的奋斗精神，无不需要一步一个脚印地踏实前行。

学校首先是读"书"的地方，这本"书"远不仅是教科书。既然是读书的地方，"刻苦"就应当永远值得赞许。刻苦读书与快乐学习并不必然构成一对矛盾。刻苦读书的人不见得学习不快乐，读书不刻苦的人学习未必就快乐。可能越刻苦读书的人反而是学习越快乐的人。在附中的校园里，手不释卷的人从来不会被看作"另类"，而是敬仰和效仿的对象。读书的态度其实就是做事的态度，我们通过读书养成好的做事态度，则什么事都可以做得更好，这正是教育的目的。

在厦大附中，刻苦读书的动人场景随处可见。学校因何进步？因为有这样的老师，因为有这样的学生。老师的专业能力强，学生的学业基础好，而师生又都是那样地刻苦用心。这就是奋斗的力量。天上不会掉馅饼，教育不会有奇迹。不付出，不努力，坐等奇迹出现是不可能有好结果的。就本质而言，奋斗无须教育，奋斗教育重在示范和践行。

在厦大附中，奋斗教育不是尊崇个人奋斗的、单一的"狼性教育"，而是崇尚利他行为的美育。

当"提高一分，干掉千人"成为奋斗目标时，奋斗教育就走向了教育的反面。学校德育的理想境界是将德育与美育融合起来，实现利他行为的审美化，使品格完善和精神满足融为一体。通过审美情感的中介作用，以美启真，以美储善，学习知识，完善道德，塑造人格，升华灵魂，使受教育者自由自觉地成长为全面发展的人。在进行奋斗教育时，我们反对将人我对立，我们赞赏利他行为，注重共同发展。

"教育无非服务，服务是一种信仰"，这是厦大附中的一个重要办学理念。"干部服务群众，行政服务教学，全校服务课堂，全员服务学生"，这是厦大附中的服务原则。师生志愿服务的广泛开展是厦大附中的重要办学特色。行为世范，教师通过服务学生成长，培育学生服务他人、服务社会的意识。

"利己"是"人"之本性，有效德育必须建立在尊重个体的基础之上。目中无人便无德育。但是，目中有"人"绝不等于心无他人。德育就是要帮助人们养成世所公认的必要的道德规范。没有不需要"克己"的完人，故品德高尚的人是律己最严的人，是心中有他人的人。

利他行为审美化，既是必需，也不神秘。事实上，灵魂和人格一旦进入"崇高"，美育和德育就自然交汇。德和美都追求崇高。任何一所学校都不缺乏崇高。崇高的品行令人景仰，我们用制度和规范引导人具备这种品行，就是德育。德育重塑造，是一种理性的强制。而当崇高的品行被弘扬成为一种文化时，便有了审美功能，即便需要加倍克己仍可带来由衷的愉悦，崇高品行就升华为内心不可或缺的精神内蕴和美妙体验，这就是美育。美育重熏陶，是一种感性的移情。此时，德育和美育有机融合，砥砺品德的同时也是陶冶情操，反之亦然，通过审美经验、审美认识、审美超越，进入精神上的审美理想国。帮助别人，快乐自己！教育就是这样的事业，学校德育要追求这样的境界。而几乎所有的德育活动都可以上升到审美的层面，奋斗教育自然不例外，关键在于要有审美追求。树立崇高的理想，建设美好世界，既是利他，也是利己。所以，我们置身于伟大的时代和多彩的社会，要有崇高的追求，要为实现大多数人的共同梦想而不懈奋斗。

2019 年是五四运动 100 周年，是中华人民共和国成立 70 周年，是附中高中招生 10 周年，是示范高中建设中期评估年，让我们努力奋斗，共创附中美好的明天。

  谢谢大家！

2019 年 2 月 28 日

我和我的祖国

——2019—2020 学年第一学期开学典礼致辞

各位尊敬的同事，亲爱的同学们：

大家上午好！

今天是 2019—2020 学年第一学期正式开学上课的日子。首先我代表学校热烈欢迎 569 位七年级新生、388 位高一新生等共计 957 位新同学和 7 位新加入附中的老师来到我们美丽的校园。今天，我比其他人更为敏感地意识到附中的同龄人来到了附中。2007 年 6 月 20 日傍晚，我第一次来到当时叫寨山、今天叫厦大附中的地方。非常巧合的是七（9）班的韦皓宁同学生于 2007 年 6 月 20 日，我要送本书给皓宁同学做纪念。据统计，569 位七年级新生中生于 2007 年的有 358 人，其中最小的是叶米娅同学，生于 2008 年 8 月 5 日。昨天下午，我查了一下日记，2008 年 8 月 5 日那天我们开始给第一级附中学生发放入学通知书。学校因学生而存在，也就是说，从那天开始，附中才真正成为一所学校。我也要送本书给米娅同学做纪念。（送书并朗读题词。）

皓宁同学，2007 年 6 月 20 日，一位小天使降临人间，她是你；同日，一位老师远道而来到寨山，他是我。你我相约而来，如今相伴而行。祝你幸福快乐！

米娅同学，2008 年 8 月 5 日，有一位女性成为母亲，她是你的妈妈，因为有你；有一所学校可以被称为母校，她是附中，因为有学生。愿你在附中度过快乐的六年时光！

我提议，大家再次用掌声欢迎厦大附中的同龄人来到附中。

2017 年 12 月 29 日，我校顺利通过了省一级达标高中和省示范高中建设学校现场评估。2018 年 6 月 15 日，我校被正式批准为省一级达标高中。2018 年 12 月 29 日，我校被正式批准为首批省示范高中建设学校。在过去的一个学年里，学校以示范高中建设为抓手，全面优化教育服务品质，取得优异成绩。中考综合比在全市 170 所生源不择优的公办学校中名列第 2，继续获得"漳州市初中教育教学质量'信得过'学校"称号。高考连续第四年获得"漳州市高考功勋奖"，拔尖生比例大幅提高，特别是理科，全省前百名有 3 人，前 500 名有 11 人，林宇菁同学以 690 分名列全市第 1。被"2+8"名校录取 19 人，比 2018 年多 9 人，其中被北大、清华录取 4 人。

一学年里，学生在各级各类学科竞赛中获奖 530 多人次。2018 年参加五大学科奥赛获省奖以上 46 人次，其中省一等奖 7 人，许福临同学获数学奥赛国家金牌并被保送到清华大学丘成桐数学英才班。在全市各项艺体竞赛中，我校获得团体及个人奖项 50 余个。学生在"新概念""语文报杯""中国校园文学奖""亦乐杯"等写作比赛中获奖 280 多人次，其中 4 人入围第 21 届"新概念"作文大赛现场决赛（福建省 5 人）。本学年，学生在《中国校园文学》《作文通讯》《中学生博览》等刊物发表文章 200 余篇，出版作品集 5 部。

新学年，随着学生发展指导中心、校园书店、文学馆、体育馆的建成，国内部校舍全部竣工投入使用。校园更加美丽，功能更加完善，生活更加便利，保障更加有力，学习更有动力。我们有理由相信附中的明天更美好。

老师们、同学们，今年是中华人民共和国成立 70 周年，10 月 1 日，首都北京将举行包括庆祝大会、阅兵和群众游行等庆祝活动。在新学年开学之初，在国庆佳节即将来临之际，我想和同学们谈谈"我和我的祖国"，谈谈爱国的话题。

首先，我要谈谈为什么要爱国。爱国就是要爱自己的国家，自己的国家就是我们通常说的"祖国"。爱国主义是指对祖国忠诚和热爱的思想。我想我还是要先谈什么是国家，没有国家也就无所谓爱国。

恩格斯在《家庭、私有制和国家的起源》中说："国家是社会在一定发展阶段上的产物；国家是承认这个社会陷入不可解决的自我矛盾，分裂为不可调和的对立面而又无力摆脱这些对立面。而为了使这些对立面，这些经济利益相互冲突的阶级，不在无谓的斗争中把自己和社会消灭，就需要有一种表面上凌驾于社会之上的力量，这种力量应当缓和冲突，把冲突保持在'秩序'的范围以内。这种从社会中产生但又自居于社会之上并且日益同社会相异化的力量，就是国家。"这是关于国家的经典解释。简单地说，国家可以被理解为一定范围内的人群所形成的共同体形式。从这个角度来说，国家是社会发展到某个阶段的必然产物，我们现在就处在而且长期处在这个阶段。

关于国家的起源，历史上学说纷纭，莫衷一是。亚里士多德说："人生来就是政治的动物。"某种程度而言，在阶级社会，人天然地要生活在某个国家中，虽是地球人，但每个人都有国籍。我坚信，没有阶级、没有国家、全体人民当家作主的共产主义一定能实现，因为这是人类得以永续发展的必由之路。但这一天还在不可预知的遥远未来，当下要做的是为实现这一伟大理想而努力奋斗。

我个人认为，迄今为止的人类文明史就是一部国家间以及国家内部政权更迭的战争史。因此可以说，爱国就是爱自己。虽然爱国主义在学术上也存在界定不清的模糊地带，但在实践中却一目了然。弱国无外交，没有强大的国家就不会有人民的幸福安康。

"一出国，就爱国"，这是对民族自豪感的形象概括。那些海外华人和在海外求学、工作的人，更能深切地体会到一个强大的国家之于普通国民的重要。就在此刻，我的孩子正在中东地区的阿曼、黎巴嫩出差。这是他今年的第7次出国。半年里，他到过15个国家的20多个城市，飞行了近11万公里。不停地出国、回国，他手里始终有一本中华人民共和国护照，祖国在他心中是一种时刻能感受到的温暖。他在本科期间曾到过美国麻省理工学院参加国际基因工程机器大赛，和来自世界各地一流大学的学生同场竞技，获得金奖。后来他在荷兰留学三年，与来自五大洲各种肤色的青年做同学。他到过德国、法国、意大利、芬兰、日本等很多发达国家，经常穿梭于动荡不安的伊朗、巴勒斯坦等中东诸国，也到过印度、缅甸等相对贫穷落后的国家。前天傍晚，在他出国候机的间隙，我和他聊到"爱国"的话题，他有几句话给我留下深刻印象。他说："关于国家，我一直都是很感激的。想想巴勒斯坦，连国都要没了。与他们相比，我们算是很体面的。所以，稳定的环境，我是很感激的。""国家不只是个符号。这是父辈、祖辈一路辛苦打拼下来的结果。家与国是一脉相承的，不承认，不心存感激，对自己的家庭也是一种背叛。"他还说："我没想很大的。只是国家是你们这一代一路奋斗下来的，当然要心存感激。忠于家庭、父母，最后都会爱国的。还是从家庭做起吧。"他又说："物质条件都这么好了，不能想法还是个小气的状态。但是也不能冲动，不能太浮躁。一个人要保持善良。"听了他的话，我为他而自豪，更为伟大祖国而骄傲。

当然，爱国主义有别于狭隘的民族主义。所谓"人类命运共同体"就是指各国人民和平共处。同时，爱国主义和国际主义是统一的，爱国就是爱和平。歌曲《我和我的祖国》是这样唱的："我和我的祖国，一刻也不能分割。""我亲爱的祖国，我永远紧依着你的心窝。你用你那母亲的脉搏和我诉说。""我亲爱的祖国，你是大海永不干涸，永远给我碧浪清波心中的歌。"可以说，爱国是全人类的普遍价值观，更是社会主义核心价值观。

当代中学生如何践行爱国主义精神？我觉得以下几点要放在突出位置：一要具有坚定的政治方向。要把崇高的共产主义理想、强烈的爱国热情和具体的奋斗目标结合起来，把自己的学习同国家的前途和人民的利益紧密结合起来。二要具有丰富的科学文化知识和研究问题、解决问题的能力，要具有强烈的开拓和创新精神。三要有良好的身体素质。健康体魄是成功的关键，要积极参加有利于身心健康的文体活动。四要具有健全人格。对国家、对人民要有强烈的爱心；对社会主义建设事业要有强烈的责任感；对待人生要积极奋发，不消极颓废，不得过且过；学习上勤奋刻苦，兴趣广泛，求知欲望强烈，有自信心；奋斗目标明确，意志坚定；对他人情操高洁，易于合作，有团队精神。总之，要做德智体美劳全面发展的合格中学生。不知道同学们是否关注到学校南门口一块矗立在那里已有十年的牌子，上面写着："今天做合格学生，明天做优秀公民。"一个优秀的公民，爱国主义情怀必然融入其血液中。

"都说国很大，其实一个家。一心装满国，一手撑起家。家是最小国，国是千万家。在世界的国，在天地的家。有了强的国，才有富的家。……国是我的国，家是我的家。我爱我的国，我爱我的家。"让我们共同祝愿伟大祖国明天更美好！

谢谢大家！

2019 年 9 月 2 日

附中因何而美丽

——2020—2021 学年第一学期开学典礼致辞

尊敬的各位老师，亲爱的同学们：

大家新学年好！

这似乎是一次久别重逢。自 1 月 6 日的晨会以来，近八个月的时间里，我们没能举行晨会以及其他任何形式的全校性集会。我提议我们用热烈的掌声庆祝这来之不易的重逢。2020 年秋季学期，我们如期开学啦！新学年，全校共有 68 个班级，在校学生 3103 人，教师 240 人，后勤职工 100 人，全校师生员工 3443 人。这里，我代表学校向 9 位新入职的老师、659 名初一新生、480 名高一新生表示热烈的欢迎。

过去的一学年，学校各项工作继续抒写精彩华章。2019 年 10 月 30 日，文学馆建成、开馆并举行了李昱圻同学新书《野马集》发布会。2019 年 12 月 26 日，体育馆建成，交付使用。至此，建筑面积近 10 万平方米的国内部校舍全面建成。

学生在市级以上各类竞赛中获奖 158 人次，其中获省奖 38 人次。高一的陈宇浩同学获数学奥赛国家铜牌，高三的黄禹涵同学获全国物理竞赛银牌。高二的李昱圻同学参加中央电视台《中国诗词大会》录制；高一的林岩、林缨、林弘锟三名同学代表我校参加了中央电视台《SK 极智少年强》2020 年春季赛，近期将在中央电视台少儿频道播出。我校参加省示范高中建设学校首次网球展示活动，获二等奖。教师在市级以上业务竞赛中获奖 34 人次。

中高考取得令人瞩目的优异成绩。中考 700 分以上有 40 人，纪晨希同学取得 738 分的好成绩（满分 760 分）。高考报考 441 人，本科达线 436 人，本科达线率 98.87%。根据市教育局划定的本一参考人数，我校本一达线率 83.73%。文理科 600 分以上 167 人，其中文科 22 人、理科 145 人，600 分以上人数占报考总人数的 37.87%。文科总平均分 568.30 分，理科总平均分 583.68 分，其中"六年制"平均分 631.85 分。最终被北大、清华录取 5 人，加上去年提前录取到清华的许福临同学，本届学生实际考入北大、清华 6 人。考入"2+8"名校的有：复旦大学 7 人，上海交通大学 2 人，浙江大学 4 人，南京大学 1 人，中国科技大学 2 人［其中高一（1）班王子扬同学考入中科大少年班学院］，中国人民大学 3 人，西安交通大学 5 人，哈尔滨工业大学 9 人。被"双一流"高校录取 202 人。艺体类高校录取也有重要突破，被清华美院、中央美院、中国美院、中央戏剧学院、北京体育大学各录取 1 人。

这是一份令人称羡的成绩单。我提议，我们用热烈的掌声为我们在这不平凡的一年里取得如此辉煌的成绩点赞，向初三、高三毕业班全体师生表示热烈的祝贺和最由衷的感谢！

各位新同学，当你刚踏进附中的那一刻，你有何感想？是的，那一定是"附中真美"！作为创校校长和附中的第一位教师，我见证了校园内每一丛小草的荣枯和每一棵小树的生长；见证了十届初中生、九届高中生在这里学习、生活直到毕业；见证了在这里工作的青年教师进入职场，成家立业，他们在这里出生的孩子、我们称为"附二代"的已达 135 人；见证了附中学子毕业、工作，步入婚姻殿堂，当上了爸爸妈妈。这就是生长的伟大力量，这就是生命的瑰丽奇观。我几乎每天在这美丽校园里漫走 2 万步，经常情不自禁地感慨："附中真美！"我也经常追问："附中因何而美丽？"

今年暑假前的 7 月 11 日傍晚，我在校园散步。夕阳中，我从乐山路转到朝闻大道时，突然有一种置身于森林里的感觉。朝夕相处，木石亦有情，走到哪里，我都觉得它们在等我。漫步校园，极目望去，心旷神怡。我给贾嵘彬老师留言："看看能否拍一个短视频——《厦大附中：面朝大海的森林校园》。今年年成不好，灾害多。本地开春以来雨水少，我担心后面八九月份会有灾难性台风，会给校园树木带来损害。乔木一旦倒伏，扶起来就得截'枝'，那就会有一段时间恢复不起来。"7 月 24 日晚，《厦大附中：面朝大海的森林校园》在哔哩哔哩（即 B 站）发布。观之令人热血沸腾。

风灾不幸被我言中。8 月 11 日上午台风米克拉来袭，校园乔木折断、倒伏 282 棵，树枝折断无数。校园一片狼藉，面目全非。午后，老师们自发到校，用了近 3 个小时清理，总算将所有道路清理出来。尽快清障的目的是不让在校的高三同学如同生活在废墟中。在知行楼、景行楼下，我对在场的老师们说，我们先扶起一棵树，象征我们开始重建家园。那一刻，我使劲遏制住了自己的眼泪。13 年来，我几乎踏遍校园每一寸土地，见证了荒山变校园，见证了昼夜海风呼啸变为四季欢声笑语，见证了校园内所有树木的成长。那一刻，面对满目废墟，我问自己：附中因何而美丽？我告诉自己：不是蓝天白云、青山绿水、飞瀑流岚，不是红瓦粉墙、碧树绿草以及玄幻诗意的天际轮廓线，不是赤橙黄绿青蓝紫，不是鸟语花香，甚至不是琴声悠扬、舞姿婆娑……那是什么？是老师们衣服湿透的背影，是老师们平静、自信、坚毅的面庞与温和的笑容，是老师们爱校如家的大爱情怀。

那天晚饭后，我站在图书广场边，看着高三的同学们陆续走向教学楼，我问自己：附中因何而美丽？我告诉自己：是纯白少年背着书包、拿着书本、脚步匆匆、并肩笑谈的样子。在回到办公室的路上，看着完好的亦乐园和翻修的田径场，我问自己：附中因何而美丽？我告诉自己：不是亘古不变的山峦，也不是红黄绿白交相辉映的绿茵场，而是勃发的生命和成长的力量。晚自习我到处走走，转过礼堂就能看到夜幕下水晶一般的洁行楼和敏行楼，远远就能听到播放英语听力的声音。走过每一间教室，看着十一年如一日的晚读的画面，我问自己：附中因何而美丽？我告诉自己：绝不是"只要学不死就往死里学"的粗鲁野蛮，而是你专注读书的样子。这样子是附中最美的画面之一。午夜来临，当我在平安校园群里看到同学们挑灯夜战的图片时，我仍然问自己：附中因何而美丽？我告诉自己，不是"生时何必多睡，死后自然长眠"的惨无人道，也不是令人称羡的中高考成绩，而是星光下师生对谈、灯光下深沉的思索和奋笔疾书。你们苦读的面庞是那样甜美而富有内涵。我觉得我看到了天下最美的图画。

那天，我一夜无眠，一直在自问自答"附中因何而美丽"。那夜，我的脑海里播放了一部长达13年的精彩"电影"。那里面有许许多多"马老师的背影"；有一位同学流鼻血三位老师在陪护帮助的画面；有老师骑车带学生到医院就诊、帮学生代购物品的情景；有午间陪伴、晚间督修、周末辅导的画面；有保洁阿姨背着摔伤学生到教室、宿管老师帮助生病学生、食堂员工潜心服务的画面；有老师帮学生拭去泪水的慢镜头，也有老师和学生一同挥泪的蒙太奇；有老师神采飞扬或优雅深沉的讲课身影；有学生搀扶身怀六甲的老师的画面，也有老师跪地抚慰生病学生的场景；有校园里的小红帽，也有校门外的红马甲；有校园里无处不有的"校长好，老师好"的曼妙天籁；有那来自田径场、体育馆、艺术馆、游泳馆富有力量的身姿和穿透时空的声浪；有图书馆、校园书店、宿舍或校园某个角落、某棵凤凰树下恬静读书的画面；有母女牵手的闲适，也有父子游戏的旷达；有校友凌峰到机场接附中学弟赴清华的情景；有校友名镜、震邦等为学弟学妹编写"大学专业介绍"的画面；有从四面八方飞来的关于校友的捷报；有太多的家长关心附中的故事；还有市政部门为方便家长到校探访而在东门外修建的公共厕所……我无法一一罗列。一晚上，我都在美中漫步。这一天也许是附中史上最不美的一天，可我仿佛一直徜徉在无尽的美景中。

第二天早晨6:20，我就到了学校，看到无法通行的附中路，看到被台风吹坏的南门，看到校道边成片倒伏的树木，看到早早到班的同事，看到从宿舍走向教室的高三同学，一个声音从我的心底涌起：没有任何力量可以毁灭附中的美！一切可以被损坏的美都只是附中的表象美，而附中最本质而永恒的美——人性美——老师爱学生、学生敬老师这种人间大美，是任何强大的台风也毁灭不了的。

我在2015届高中毕业典礼的致辞《人性美是创造幸福人生的动力》中说："无论身处何种境地，幸福总是源自'人性美'。只有不断地发现和奉献人性美，才会有源源不断的幸福！幸福存在于和谐的关系中，在人与自然、人与社会和人与人的关系中。""一个永远只会索取的人是不可能拥有'和谐的关系'的。所以，在享受人性美的时候，我们必须奉献人性美。奉献的方式方法有多样，但一个基本点是你必须对这个世界友善。"

老师们，同学们，厦大附中的校长是不可以偷懒逍遥的，但他可以是幸福的；厦大附中的老师是不可能轻松的，但他可以是快乐的；厦大附中的学生是不可能没有学习负担的，但他的面容是常带着微笑的。努力培育一流的教育服务品质，用合适的教育办学生喜欢的学校，通过人道的应试努力让教育更加尊重生命，以奋斗成就幸福的平凡人，这些已成为"附中人"的共识。我给很多同学题写过这句话："学校因学生而存在，附中因你们而美丽。"老师们，同学们，附中因何而美丽？因为它是我们所有"附中人"的家。因为我们是带着感情生活在这个家里的，我们朝夕相处，共同沐浴在这片阳光中，耕耘在这片星光下，奔波在这片森林里，收获在这片土地上。那些倒下的树都已被我们扶起，而那些被砍削的树枝很快就会吐绿。我坚信，因为我们，因为所有的"附中人"，因为所有关心、帮助附中的人，附中的明天一定更美丽！

谢谢大家！

2020年9月1日

人生的首要使命是活出生命的意义

——2020—2021 学年第二学期开学典礼致辞

尊敬的各位同事，亲爱的各位同学：

大家新年好！

风云激荡的庚子鼠年离我们远去，充满期待和无数不确定性的辛丑牛年已经来临，让我们胸怀梦想和激情走进五彩缤纷的春天，走进新学期。

2020 年是国家"十三五"发展规划和厦大附中"十三五"发展规划的收官之年。五年来，学校教育服务水平稳步提升，教育服务能力、文化竞争力、知名度、美誉度显著提高，区域影响力进一步扩大。2018 年 6 月 15 日，教育厅发文批准我校为省一级达标高中。2018 年 12 月 29 日，福建省教育厅公布首批省示范性普通高中建设学校，我校榜上有名。"十三五"时期，中高考成绩高位稳定，连续五年获得"漳州市初中教育教学质量先进学校""漳州市初中教育教学质量'信得过'学校"称号，连续五年获得"漳州市高考功勋奖"。中考综合比在全市 170 余所生源不择优的公办学校中，除 2019 年名列第二外，其余均为第一。五年高考平均本一上线率 80.56%，平均本科上线率 99.37%。每年均有考入北大、清华的学生，先后共有 14 位同学被北大、清华录取。文理科总平均分在全省名列前茅。2020 年高考取得优异成绩，拔尖学生成绩尤为突出。本一达线率 83.73%，文理科 600 分以上 167 人，占报考总人数的 37.87%。考入北大、清华 5 人，加上 2019 年提前被清华录取的许福临同学，本届实际考入北大、清华 6 人。"十三五"时期，获得奥林匹克竞赛（下文简称"奥赛"）省一等奖 38 人次；国赛奖牌 9 枚，为全市仅有。学生出版个人作品集 7 部，公开发表作品 1107 篇。"校园写作，润泽生命——基于核心素养培育的中学生写作实践研究"获得福建省 2018 年基础教育省级教学成果奖二等奖。《光明日报》记者以《这里为何会涌现一个"小作家群"》予以报道。先后有学生参加中央电视台《中国诗词大会》《SK 极智少年强》的节目录制。学校获得福建省文明校园、福建省五一劳动奖状、福建省三八红旗集体、福建省五四红旗团委等荣誉称号。

寒假前夕，从清华大学传来消息，2020 年全国数学竞赛金牌得主、高二（1）班的陈宇浩同学获得清华大学"优秀"评级，入选丘成桐数学英才班，成为我校继许福临同学之后第二位高二即被清华大学录取的学生。我提议，我们用热烈的掌声向宇浩同学表示祝贺！我们祝愿，同时也坚信他们必将在学业上抒写更加辉煌的篇章。

2021 年是中国共产党成立 100 周年，是国家"十四五"发展规划和厦大附中"十四五"发展规划实施的开局之年，是我校创建省示范高中的冲刺之年。未来五年，学校将立足高位平台，突出内涵发展，持续提升服务能力和服务水平，形成稳定的文化竞争力，呈现出更加鲜明的办学特色，以一流的办学业绩带动开发区教育发展，更好地服务于开发区经济社会发展。要确保省示范高中创建成功，确保办学质量关键指标稳居全省中学前列，使校园文化内涵更加丰富，区域影响力更为显著，努力争创国家级文明校园。2025 年的厦大附中，应当是校园美丽、名师聚集、人才荟萃、师生幸福、桃李天下、质量上乘、全国知名的优质学校。

各位同学，学校因学生而存在，附中因你们而美丽。教师以教书育人为天职，学校以培养人才为使命。评价一所学校，评价一位老师，关键要看学校和老师培养出了什么人。十年树木，百年树人。"试玉要烧三日满，辨材须待七年期。"一个人是否优秀，甚至需要用一辈子验证，故学校要帮学生树立核心价值观，养成核心素养。附中学子的发展目标是，尊师守纪，勤奋学习，生动活泼，全面发展；具备健全的核心素养，同时具有鲜明的厦大附中的文化特质；要勉力成为身心健康、知识渊博、气质高雅并具有独立思想、民族情怀、国际视野、较强可持续发展后劲的人才。因此，我在这里换个角度提出这样一个命题：人生的首要使命是活出生命的意义。

100 多年前，胡适先生发表了《一个问题》的文章。他用平实的语言叙述了他的一位同窗好友屡次追问他的一个问题："小山，你是学哲学的人，像我这样养老婆、喂小孩，就算做了一世的人吗？……"我们大多是平凡人，我们生活的每一天，似乎都平淡如水，周而复始，不值得回味和纪念，几乎所有人都思考过：人，为什么活着？怎么活着才算是有意义的？胡适先生说："人生的意义全是各人自己寻出来，造出来的：高尚，卑劣，清贵，污浊，有用，无用……全靠自己的作为。""人生的意义不在于何以有生，而在于自己怎样生活。"生命本没有意义，你要能给他什么意义，他就有什么意义。与其终日冥想人生有何意义，不如试用此生作点有意义的事。"胡适先生还说："人生固然不过一梦，但一生只有这一场做梦的机会，岂可不努力做一个轰轰烈烈像个样子的梦？岂可糊糊涂涂懵懵懂懂混过这几十年吗？"

奥地利物理学家、1933 年诺贝尔物理学奖获得者薛定谔的《生命是什么》被誉为一位伟大的物理学家写的一本生物学的经典巨著。薛定谔在《生命是什么》这本书中，以一种令人放松和愉悦的文笔引领读者探索生命这一令人望而生畏的主题，内容深刻而有趣，极具启发性。什么是生命？薛定谔认为，生命是可以感知到无机和有机之间界限和分类的一个类群。生命天然有一个特性叫亲生命性。生命看见活的东西就会高兴，因为它活着就意味着你有可能活。生命是一个美好的巧合，是宇宙在奔向熵最大的死寂过程中为自己创造的观众。

因此，我比胡适先生更进一步地认为，生命的意义是天赋的，是无须证明的。从分子生物学的角度来说，生命的出现是极其偶然的奇迹。我们每个人都可以凭想象就明白这样的事实和结论。全球瞩目的以色列新锐历史学家尤瓦尔·赫拉利（Yuval Harari）在他的《人类简史》开篇中说："大约在135亿年前，经过所谓的'大爆炸'之后，宇宙的物质、能量、时间和空间才成了现在的样子。宇宙的这些基本特征，就成了'物理学'。在这之后过了大约30万年，物质和能量开始形成复杂的结构，称为'原子'，再进一步构成'分子'。至于这些原子和分子的故事以及它们如何互动，就成了'化学'。大约38亿年前，在这颗叫作'地球'的行星上，有些分子结合起来，形成一种特别庞大而又精细的结构，称为'有机体'。有机体的故事，就成了'生物学'。到了大约7万年前，一些属于'智人'这一物种的生物，开始创造出更复杂的架构，称为'文化'。而这些人类文化继续发展，就成了'历史学'。"毫无疑问，文化是人类的产物。由此可以想见，与宇宙长河相比，人类的历史何其短暂。如果将宇宙的演化编辑成一部10分钟的短片，人类只是在最后几毫秒才出现。而更令我难以忘记的是，赫拉利在《人类简史》中还有一个深层的忧虑："1000年后还会不会有智人存在看来都令人十分怀疑。"人类也许只是宇宙中的匆匆过客。

正因如此，我才认为，一切生命都天然有意义和价值，不论其存在时间长短、作用正负。薛定谔认为，对于植物来说，最根本的负熵来自阳光，而我们动物只能吃生命。也就是说，牺牲了无数的生命才成就了你我这样的生命。因此，我们必须尊重和珍惜生命，绝无轻视和践踏生命的任何理由。我宁愿相信，如果有来生，此生对生命的尊重和顺应与否将决定来生是否幸福。活好此生乃是为来生造福。当然，如果没有来生，就更应当珍惜今生。生命本有意义，我们不必用一辈子的辛劳证明生命的价值和意义，只需要用平凡人生来实现和演绎生命的价值和意义。做幸福的平凡人，活出生命的意义。

当然，为人不易，生命精彩与否既要看个人是否努力，也要看能否抓住机遇。所谓"人生实苦"并非没有来由，某种程度而言也是事实。成人不自在，自在不成人。各位同学虽然身体健康、衣食无虞，但学业压力客观存在，未来人生也必然有很多的不确定性、焦虑、迷茫、彷徨，不时会有一种无力感和无意义感……出现类似情绪都很正常。进化论的核心观点是"物竞天择，适者生存"，生存竞争与生俱来，这需要我们坦然面对。历史学家研究认为，从大约200万年前到大约1万年前为止，整个世界其实同时存在多种人种，而最终只剩下智人这一种。我们是生命竞争中的优胜者，故而竞争是生命的天然属性之一。我们无法回避竞争，只能主动适应竞争。竞争并不必然意味着毁灭，也意味着更高层次的和平共处。所以我想说，无论碰到什么样的困难，你们都不要怀疑生命的意义。尊重生命应成为最高信仰，活着就是最大的意义。

美国临床心理学家维克多·埃米尔·弗兰克尔（Viktor Emil Frankl），因为是犹太人，他们全家被陆续抓进了有150多万人失去生命的臭名昭著的奥斯维辛集中营，他的父母、妻子、哥哥全都死于毒气室中，只有他和妹妹幸存。在亲人间信息完全隔绝封闭、身边的难友接二连三死去的情况下，"要活着见到亲人"和重写那部在狱中丢失的书稿的信念让他顽强地活了下来。1946年，二战结束后的第二年，他出版了《一个心理学家在集中营的经历》，1959年英译版出版，书名改为《活出生命的意义》。这本书被翻译成24种语言，销售了1200多万册，是"美国最有影响力的十大图书"之一。弗兰克尔说："每个人都有自己独特的使命。这个使命是他人无法替代的，并且你的生命也不可能重来一次。这样，每个人生命的任务都是特定的，完成这些任务的机会也是特定的。人不应该问他的生命之意义是什么，而必须承认是生命向他提出了问题。

对待生命，他只能担当起自己的责任。"我以为，每一个生命的出现既是偶然的，又是那么必然，且是那么不可替代、不可缺少，我们有什么理由不倍加珍惜？

弗兰克尔说，写作《活出生命的意义》的"初衷很简单，只是想通过具体的事例向读者传递一种观点——生命在任何条件下都有意义，即使是在最为恶劣的情形下"。他发现找寻到生命意义的可能的三个途径：工作，做有意义的事；爱，关心他人；拥有克服困难的勇气。他说："人的内在力量可以改变其外在命运。"他认为："在任何情况下生活都是有意义的，即便在极为悲惨的境地。""人类总是有能力将人生的苦难转化为成就，从罪过中提炼改过自新的机会，从短暂的生命中获取负责任的行动的动力。"他还说："人类不是在追求幸福，而是通过实现内在潜藏于某种特定情况下的意义来追寻幸福的理由。""个人一旦成功地找到了意义，那他不但会感到幸福，还会具备应对磨难的能力。""生命的意义包含着从生到死受苦受难这一更广阔的循环。""经受苦难成了一项我们不能逃避的任务。""一旦他意识到自己是不可替代的，那他就会充分意识到自己的责任。认识到自己对所爱的人或者未竟的事业的责任，也就永远不会抛弃自己的生命。"

人生之旅注定不会一帆风顺，而磨难和煎熬正是生命的一部分。20世纪杰出的哲学家、数学家、文学家和社会活动家罗素先生在他的《幸福之路》一书中说："人这个动物，正和别的动物一样，宜于做相当的生存斗争。万一人类凭了大宗的财富，毫不费力地满足了他所有的欲望时，幸福的要素会跟着努力一块儿向他告别的。……缺少了你一部分想望的东西才是幸福的不可缺少的条件。"心理学家、教育思想家蒙台梭利说："完成一项令人愉悦的任务才是最好的休息。"所以，我说要用奋斗成就幸福的平凡人。

亲爱的同学们，关于生命的意义这个话题我有说不完的话，今天只能说到这里。最后，我还要重复那句话：尊重生命应成为最高信仰，活着就是最大的意义。我还要高呼：你生命的灿烂于我有很大的意义！谢谢你们！

尊敬的各位同事，这里我想与大家分享弗兰克尔的一句话并以此共勉。有人请弗兰克尔用一句话概括他本人生命的意义，他说："我生命的意义在于帮助他人找到他们生命的意义。"让我们记住这句话并努力成为学生人生中的重要他人。

谢谢老师、同学们！

2021 年 2 月 22 日

面对光明，阴影就在我们身后

—— 2021—2022 学年第一学期开学典礼致辞

尊敬的各位老师，亲爱的同学们：

大家新学年好！

首先让我们用热烈的掌声向 26 位新入职的老师、775 名初一新生、483 名高一新生表示欢迎。新学年，我校共有 73 个班级，其中初中 42 个班级，高中 31 个班级。教职工 375 人，学生 3425 人，全校师生员工共计 3800 人。

过去的一学年，学校各项工作继续抒写精彩华章。

中高考继续取得优异成绩。中考 700 分以上有 52 人，九（10）班曹泽奥同学取得 759 分的好成绩。平行班参加中考 381 人，达到普通高中线 343 人，普高达线率 90.03%。高考报考 446 人，本科达线 446 人，本科达线率首次达到 100%，特殊类达线率（相当于本一达线率）83.52%。高三（8）班陈炫齐同学以 663 分获得历史类全市第一名，被北京大学录取。高二（1）班陈宇浩同学提前一年被清华大学丘成桐数学英才班录取。76 位同学考入北大、清华、复旦等"985"高校，其中 3 位同学考入北大、清华。185 位同学考入"双一流"高校，"双一流"高校录取率达到 41.5%。

学生在 CN 期刊上发表作品 220 篇，出版个人作品集 2 部。高静宜同学获第 23 届全国中学生"新概念"作文大赛一等奖，陈妍言、陈琦妍、罗昊扬同学获得二等奖。邱芃苡同学获第 14 届全国中学生创新作文大赛总决赛二等奖，陈语萱、张伊琳同学荣获三等奖。学生在数、理、化、生、信息五大奥赛中获得省奖 39 个，其中获省一等奖 6 个，高二（1）班陈宇浩同学荣获数学奥赛国赛金牌。

　　艺术、体育、科技参赛成绩突出。在"九龙江杯"漳州市第三届中小学生艺术节中荣获优秀组织奖，参赛学生荣获 2 项一等奖、8 项二等奖、7 项三等奖。学生在游泳、田径、武术、球类等项目上获得市级奖 42 项，省级奖 9 项。在漳州市阳光体育联赛中，高中男子篮球队获得第 4 名，高中男子足球队获得第 3 名，初中田径队获得男子组第 7 名、女子组第 4 名的好成绩。方诗恒同学获得武术项目国家二级运动员称号。在漳州市首届创客大赛中，参赛学生获得 2 项一等奖、7 项二等奖、5 项三等奖。曾启辰同学荣获第三届"诵读中国"经典诵读大赛漳州市选拔赛一等奖，周子轩、刘诗涵同学荣获二等奖。陆益嘉同学荣获 2021 年漳州市食品安全征文一等奖，李舒涵同学荣获三等奖。徐卓颖同学荣获 2021 年度漳州市新时代好少年。

　　厦大附中的学生发展目标是成为身心健康、知识渊博、气质高雅并具有独立思想、民族情怀、国际视野、较强可持续发展后劲的人才。越来越多的事实证明附中学生具有很强的可持续发展后劲。2017 届高中毕业生今年大学本科毕业，据我了解，很多人考上了研究生继续深造，其中艾宇旸校友保送北京大学攻读博士学位，柯志发校友、杨浩霖校友保送北京大学攻读硕士学位，康炜隆校友保送清华大学攻读博士学位，蒲小可校友、王浩东校友保送清华大学攻读硕士学位，吴加隽校友考入香港大学攻读博士学位，邱楷中校友考入美国麻省理工学院攻读斯隆金融硕士学位，谷虚怀校友、翁梓扬校友考入新加坡南洋理工学院攻读硕士学位，朱奕霖校友考入伦敦大学攻读硕士学位。这种厚积薄发的例子每届都有，我无法一一列举。今日，附中以他们为荣；明日，附中也一定以你们为荣。

去年的此刻，我在这里做了《附中因何而美丽》的致辞。我说："厦大附中的校长是不可以偷懒逍遥的，但他可以是幸福的；厦大附中的老师是不可能轻松的，但他可以是快乐的；厦大附中的学生是不可能没有学习负担的，但他的面容是常带着微笑的。"前两天，我在《闽南日报》上看到高二（1）班陆益嘉同学的文章《攀峰》，她说："高考的意义，学习的意义，并不仅仅在于去掌握大量专业知识，而是那种在学习中锤炼出来的拼搏与坚韧，以及不管结局如何，总会有人支持你的安全感。""即使我们以后会忘记在学校学到的很多知识，遗忘许多记忆，可那种拼命努力，去争取到自己喜欢的东西的感觉，真的很好。那种感觉会镌刻进骨髓和血液，助力将来。世上无难事，只要肯登攀。"我觉得益嘉同学懂得成长的本质所在。痛，往往是成长的信号和标志。

通往成功之路从来就没有坦途，任何一个成功者都曾有不为人知的艰辛，都有一段感人的奋斗故事，甚至都面临过某个令人绝望的时刻。冯仑说：人生中什么时候最让我们恐惧呢？是没有方向的时候。当你有了方向，所有的困难都不是困难了。理想这件事情，就相当于在戈壁滩上突然找到了方向，它就像心中的一个愿景、一个价值观，引导着你去这个方向。这个东西平时不出现，你锦衣玉食、歌舞升平的时候，似乎不觉得这件事特别重要，但到了戈壁滩上，没有方向的时候，才发现，要想活下来，第一件重要的事是一定要有方向。

理想就是方向，理想就是光明。这让我想起美国著名盲聋作家海伦·凯勒（Helen Keller）说的："面对光明，阴影就在我们身后。"如果你有坚定的理想，即使身临绝境，阴霾密布，你看到的仍然是灿烂阳光。

一想到面临绝境的人，我立即想到海伦·凯勒、奥斯特洛夫斯基、霍金、史铁生、张海迪，他们的故事可谓家喻户晓，曾经激励过无数人，并将永远激励后来者。这里我不再赘述他们的故事，我想讲讲法国作家让－多米尼克·鲍比（Jean-Dominique Bauby）的故事。这是一个让我觉得不可思议的故事。严格地说，鲍比算不上作家，因为他一生只有一部随笔集《潜水钟与蝴蝶》，全书译成中文只有 42000 字。但《纽约时报》是这样评论这部奇书的："一本给绝望者以光明的不可思议的图书，一本让人类变得更加坚强的图书，一本伟大的图书。"我是不久前才偶然知道了鲍比和他的书《潜水钟与蝴蝶》。我连看了两遍，随后还观看了同名电影，感觉心灵得到了一次洗礼。

鲍比出生于 1952 年，1991 年成为法国著名时尚杂志 *ELLE* 的总编辑。1995 年 12 月 8 日，鲍比突发脑中风，陷入深度昏迷。20 天后，他苏醒过来时，全身瘫痪，不能动，不能吃，不能说话，甚至不能呼吸，能动的只有左眼皮。这仅有的能够自主活动的左眼皮，成了他与世界交流的唯一通道。在语音矫正师的帮助下，鲍比通过一个按照法语字频排序的字母表与人沟通。助手把一个个字母念出来给他听，眨眼一次代表"是"，眨眼两次代表"否"。用眨眼选择字母牌上的字母，形成单词、句子。每个单词平均耗时两分钟，而整本书依靠大约 20 万次眨眼、以听读的方式完成。1997 年 3 月 9 日，《潜水钟与蝴蝶》法文版出版两天后，鲍比去世。

当我们假设自己陷入鲍比的困境时，脑海里的第一个想法也许就是"那还活着干吗"。然而，当这一刻真的来临时，我们还必须得接受，最主要的理由是"因为我们活着"。"活着"成了我们活下去的理由，"活着"成了艰难然而也要坚强活下去的理由。生命的自由成长应当得到我们的尊重。鲍比在天，我们今天在场的所有人岂敢妄言"绝望"？我们有什么理由不快乐地生活着？

人的生命力是极其顽强的。未到生命的绝境，我们也许很难想象到生命的美好。即使毫无生还希望的脑死亡者，家属已不堪其累，但宁可其"活"着。只要保住生命，说明人还在这个世界上；而一旦踏进死亡的大门，就永无回头的可能。可见，"生"对人的诱惑力有多大。陀思妥耶夫斯基《罪与罚》的主人公拉斯柯尔尼科夫说："如果他必须在高高的悬崖绝壁上活着，而且是在仅能立足的那么狭窄的一小块地方站着，——四周却是万丈深渊，一片汪洋，永久的黑暗，永久的孤独，永不停息的狂风暴雨，——而且要终生站在这块只有一俄尺①见方，站一千年，永远站在那里，——他也宁愿这样活着，而不愿马上去死！只要能活着，活着，活着！不管怎样活着，——只要活着就好！"同学们，不到活着面临困难的时候，我们很难理解艰难活下去的意义。

说到底，人非一般动物。人不仅要活着，而且还要有尊严地活着，为此宁可放弃眼前的诱惑，忍受当下的煎熬。面对鲍比、海伦·凯勒、奥斯特洛夫斯基、霍金、史铁生、张海迪，生活在阳光和幸福中的我们，不仅不应该无端夸大人生的艰难，更不应该自我看轻、看贱生命。我们这些健康或基本健康的人，不仅要将同情、帮助和尊敬献给他们，更要热爱生命，珍惜生命，用人生的灿烂来做生命的礼赞。罗曼·罗兰说："世上只有一种英雄主义，就是认清了生活真相后依然热爱生活。"所以，最后我想对你们说：欣赏身边的风景，爱身边的人，用奋斗成就幸福的平凡人，做生活中的平凡"英雄"。

海伦·凯勒说："面对光明，阴影就在我们身后。"——这也是我今天致辞的题目。

谢谢大家！

2021 年 9 月 1 日

---

① 俄罗斯长度单位，1 俄尺相当于 0.711 米。

幸福是人类生命的目的

——2021—2022 学年第二学期开学典礼致辞

尊敬的各位老师，亲爱的同学们：

大家新年好！

2021—2022 学年第二学期已于 2 月 11 日正式开始了。跟随着冬奥的步伐，我们带着希望和憧憬满怀豪情地走进了注定是五彩缤纷的春天。

过去的一年，学校各项事业稳步发展。2 月 10 日晚，省教育厅发布信息公示，我校顺利通过省示范高中创建终评，成为福建省首批 30 所示范高中之一，是唯一一所从三级达标高中，越过二级、一级，直接晋升为省示范高中的学校。2021 年，学校再次获评省级"文明校园"，学校党委被漳州市委授予"先进基层党组织"称号，学校被开发区教工委、教育局授予"2020—2021 学年度教育教学先进学校"称号。中高考继续取得优异成绩。高考本科达线率创纪录地达到 100%，名列全省第一名；本一达线率 83.52%；"双一流"高校录取率 41.5%。历史类和物理类的总分、平均分均名列全省第九、全市第一。历史类、物理类全部 16 科单科总平均分有 14 科全市第一、2 科全市第二。中考普高达线率 90.03%，普通高中录取率 81.1%，远超全市平均水平。学科竞赛再上新台阶。2021 年度奥赛获得省奖 58 个，其中一等奖 11 个，约占全市 18 个一等奖的 61%。获得奥赛国赛银牌、铜牌各一枚。至此，自我校

2012年首次参赛以来，在五大学科奥赛中共获得省奖329人次。十年间获得省一等奖52个，约占全市获奖总数127个的41%；获得国赛奖牌11枚，约占全市获奖总数17枚的65%，约占2015年以来全市获奖总数13枚的85%，其中3枚金牌均在我校，7枚银牌有6枚在我校，有2人入选国家集训队，处在全市领先位置，进入全省先进行列。

"五育"并举成效显著。体育方面，除篮球外，网球、攀岩、田径、游泳、武术、足球、乒乓球等项目均在省级比赛中获奖。艺术方面，在漳州市"九龙江杯"第三届中小学艺术节展演中获得优秀组织奖，其中管弦乐团、民乐团、合唱团、舞蹈队获得团体一等奖1个、二等奖3个、三等奖1个。在绘画、书法、篆刻项目中获得一等奖1个、二等奖5个、三等奖6个。我校的版画、中国古典舞入选教育部公布的第三批全国中小学中华优秀传统文化传承学校名单。我校入选首批漳州市中小学心理健康教育特色学校。2021年，教师在省、市、区各类竞赛、评选中获奖59人次，市级课题结题7个，在公开发行的期刊上发表论文125篇。学生各类比赛中获奖350人次。学生在公开发行报刊上发表作品234篇，作品在各类征文、大赛中获奖192人次。

2021年是中国共产党成立100周年，也是厦门大学建校100周年，毫无疑问，作为"十四五"发展规划的开局之年，附中人交出了一份令人满意的答卷。2022年，我们将迎来中国共产党第二十次代表大会的召开和招商局集团成立150周年、漳州开发区建区30周年、厦大附中建校15周年，要借成功创建省首批示范高中的东风，切实落实好《厦大附中"十四五"发展规划》和年度工作计划，用更加优异的成绩向中国共产党第二十次代表大会献礼。

老师们、同学们，今天的致辞是我在附中建校以来全部14个学年28个学期中的第26次开学致辞，也是我在建校以来全部43个开学和毕业典礼上的第41次致辞。回顾这不同时段的典礼上不同主题的致辞，我发现有一个词一直在重复，那就是"幸福"。我经常问自己："我们"奋斗、拼搏的目的何在？我的回答是为了"我们"的幸福，也即全人类的幸福。

春节是中华民族最重要的传统节日之一。如果只用一个汉字来概括春节的内涵，我觉得非"福"莫属。大家想想，"福"是不是春节期间使用最频繁的词汇？这证明了追求幸福是生活的重要内涵。福建是全国唯一以"福"字命名的省份，我们是福建人，福人居福地，福地福人居，八闽大地无福不在。不少福建人读"福"为"虎"，因而虎年春节，对于福建人来说，意义非同寻常。有这么一副对联，据说是福建最好的对联，我也很喜欢。上联是"福建福州福清福鼎福安五福临门"，下联是"永安惠安南安诏安华安四季平安"，横批是"长乐永定"。平安是福，幸福应当是八闽子弟的最高信仰。

福建人杰地灵，一代代仁人志士不断拓展与提升"福"的内涵。宋代大儒朱熹提出"为善则福报"，认为个人道德修为和幸福的获得是一致的；民族英雄林则徐以"苟利国家生死以，岂因祸福避趋之"为人生座右铭；黄花岗烈士林觉民在《与妻书》中写道："当亦乐牺牲吾身与汝身之福利，为天下人谋永福也。"这些思想都强调追求幸福不仅是个体的事，而且应当把个人冷暖、集体荣辱、国家安危融为一体，为他人、为社会谋幸福。

2012 年 6 月 28 日，联合国大会通过了 66/281 号决议，宣布每年的 3 月 20 日为"国际幸福日"，并强调"幸福是人类共同的追求，是人类生命的目的，也是世界各国发展的指导方针"。尽管至今还没有能用来衡量"幸福"这种源自内心美好感受的全球统一标准，但追求幸福和快乐却是我们全人类共同的目标和愿望。所以，我今天致辞的题目就是"幸福是人类生命的目的"。非常巧合的是，就在第 66 届联合国大会通过 66/281 号决议设立"国际幸福日"的前三周，2012 年 6 月 6 日傍晚，我在几位附中首届毕业生的毕业留言簿上题写了"做幸福的平凡人"的留言，从此，"做幸福的平凡人"成为附中校园里的流行语。

同学们幸福吗？附中第一届学生、年前刚刚成立的附中校友会第一任会长高武渊校友在致校友的信中说："我并不是什么成功人士，虽然有着许多烦恼，但大体上我算得上一个幸福的平凡人。"2019年8月18日，首个校友返校日那天，2012届高中毕业生、当年让我留言的林卉婷校友，带来了当时的现场照片，还附带了这样的文字说明："校长为同学们签留言簿的场景，我把它打印出来送给您留念。做一个幸福的平凡人，每一位附中人都将牢记在心！"也是这一天，同是2012届高中毕业生的卢毓浩校友在给我的明信片中写道："'做幸福的平凡人'，是您在2012年毕业时给我们的毕业留言，我现在想告诉您，我很幸福，因努力而幸福，因爱与被爱而幸福。"这也足见幸福需要慢慢品味。这也正是我提倡学校要关注学生的现实快乐的原因。同学们觉得幸福吗？我知道，理性地回答，大家说不出不幸福的理由，但感性地回答，不少同学还是觉得不够幸福。据我观察，学业压力以及由此带来的人际交往困难是同学们觉得不幸福的重要原因。这涉及我们应如何正确地面对"失败"、正确地应对各类"关系"，而"做幸福的平凡人"的价值选择能有效地解决这个问题。所以，今天我还想谈谈这个问题。

　　"做幸福的平凡人"是个哲学观点而非教育观点，是一种人生观。我觉得人生在世幸福第一重要，要千方百计地寻求幸福。不幸福是不幸的。当然，这种不幸有时是难免的，不是短时期内调整心态想克服就能克服的。但从生命的本质来看，赋予幸福的内涵是天经地义的。幸福其实也是最重要的生产力，所以，我觉得，无论贫富贵贱、老少贤愚，追求幸福也是天经地义的。由此亦可推论，凡是妨碍人们幸福的都是不人道的，都是应当抵制和摒弃的。

　　所谓幸福，说的就是幸福感，它是一种个人感受，是主观的。幸福有客观标准吗？我觉得是有基本的客观标准的。很难定义什么是幸福，但对什么情况下不太幸福更容易达成一致，所以才会有幸福指数的说法。譬如，处于食不果腹、衣不蔽体、人身不保、遍受凌辱的境地就很难幸福，幸福指数就不高，这大概是有基本共识的。虽有人身处绝境仍很乐观，但不太可能有发自内心的幸福感。不幸就是不幸，不幸就是不幸福，这需要直面，但无须强作欢颜。强作欢颜是给别人看的，不是自己的真实感受。但这种"装"也是有价值的，有时会带给别人幸福。所以病入膏肓的人在亲人面前往往得故作轻松，这会给亲人带来一些宽慰。这也说明幸福感是很难量化的，影响幸福感的因素太多。幸福感真的很微妙。

正因为幸福感是可以修炼的，所以说幸福是可以追求的。如果你认为幸福很重要，你就比较容易得到幸福。如果你能主动追求幸福，你就很容易找到幸福的理由。有人说幸福等于所得减去所欲，这有一定道理，但还不全面。因为即便一无所得，甚至面临牺牲，有人依然能感受到幸福。幸福是一种体验，更是一种能力。人首先得有生存、生活的能力，得有尊严地活着。其次要有健康的心理素养。幸福是一种主观的、愉悦的情绪感觉和积极的心理状态。我们无法立刻改变自己的生活环境和所处的境遇，却能改变自己的思维方式，提高自己的认知水平。同时，正确认识自己，包容他人，造福社会，惠及他人，坦然面对挫折，都是获得幸福的重要能力。幸福感需要修炼，幸福的能力更需要修炼。所以，做一个幸福的人远非衣食无忧那么简单。高官厚禄却不幸福的大有人在，说明他的幸福能力还不够强。流浪者也并非我们所臆想的都那么痛苦不堪，只要他有足够的幸福意识。我仔细观察过流浪者的表情，较之绝大多数生活稳定者，他们的眉头更舒展。这实在耐人寻味！总之，做一个幸福的人是生命的本质属性之一，为天下人谋永福则是各种领袖人物的不二使命。

人生在世，头等大事就是好好活着，每个人来到人世间的第一要务是"活人"，然后争取幸福快乐地活着，活得有尊严、有滋味，能自食其力，无病无灾，安然渡过小病小灾。绝大多数人都是如此。很多时候，生存的压力并不大，但生存的竞争压力大，选择做平凡的人就是主动回避不必要的竞争。不要什么都和别人比，"不比""不滥比"是获得幸福或者说避免不幸福的重要策略。所以说，安于平凡应当是众生的首要处世法则。从小立志做伟人、做英雄无可厚非，而准备做个平凡的人不仅更理智，而且更明智。人生在世应当做个幸福的人，也应当甘心做个平凡的人。所以，做个幸福的平凡人就成为必然选择。我们要理直气壮地承认我们就是平凡甚至平庸的人。

做个平凡的人，核心是"做人"，而做人就不是一件容易的事。一个人要有尊严地活着，不尽力、不努力、不奋斗肯定是不行的，要明白奋斗本身就是幸福的。劳动是人的本质属性之一，人与其他动物的重要区别就是能够有目的、积极地劳动。事实上，即使是艰苦的劳作也不会销蚀人们的幸福感，相反，让我们最不幸福的主要原因往往是我们丧失了劳动能力和劳动权利。从这个角度来说，幸福和劳动是分不开的，幸福确实是奋斗来的。即使你有万贯家财，如果其中没有你个人的劳动和奋斗，你也很难因此感受到幸福。

导致不幸福或者说没有幸福感的另一个重要原因是，我们没有处理好自己与他人、与周围世界的关系。世界的本质是关系，我们是生活在"关系"中的。人的性格是在关系中形成的，建立有意义的人际关系是健康而圆满人生的本质。幸福的关键，不在于你有多能干，也不在于你有多少财富，甚至不在于你衣食无忧，而在于你与你所在乎的人建立起良好的关系。我们是否幸福的另一个关系变量是我们能否为别人带来幸福。一个人的词典里只有自己，没有他人，没有更广阔的世界，不能服务于他人，不能为世界奉献点儿什么，他是很难感受到幸福的。你也许衣食无忧，但"关系"会让你每时每刻都很痛苦。流浪者之所以还能保持面部平静，一个重要原因是没有复杂的"关系"。他或许不幸福，但他也不觉得痛苦。同时，漫漫人生，要有所为，有所不为。没有方向和原则，随波逐流，自甘落后，久而久之则难以自立，遑论立人。很多天资平平者，从小树立远大目标，始终不放弃努力，历经艰辛，终能取得一般人难以企及的成就。天道酬勤，勤奋的人上天也会帮他。甘于平凡是一种人生态度而非做事态度，正所谓做人低调、做事高调。做幸福的平凡人需要老老实实做人、踏踏实实做事，平凡人的奋斗人生才是真正幸福的人生。

最后，我想再次重申：幸福是人类生命的目的，让我们都做幸福的平凡人！

谢谢大家！

2022 年 2 月 14 日

教育为人生

——2022—2023 学年第二学期开学典礼致辞

尊敬的各位老师，亲爱的同学们：

大家新年好！2022—2023 学年第二学期今天开学上课了，大家新学期好！

2022 年，正值漳州开发区建区 30 周年，招商局集团创立 150 周年，厦大附中建校 15 周年。2022 年，注定要在厦大附中办学史上留下浓墨重彩的一笔。2022 年 3 月 3 日，省教育厅正式确认厦大附中为福建省首批示范高中，全省获此殊荣的高中只有 30 所，厦大附中是其中最年轻的学校。2022 年除夕前一天，我校又被省教育厅确定为福建省义务教育教改基地校，全省获此殊荣的中学也不到 40 所。办学 15 年来，已毕业和正在附中就读的学生共计 10911 人。他们当中的很多人已工作在各行各业的重要岗位上，成为"幸福的平凡人"。15 年来，办学质量得到广泛认可，中考综合比和普高达线率一直处在全市领先位置，高考和学科竞赛成绩在全省名列前茅。高中 11 届共 4513 名毕业生，98% 考入大学本科，超过 80% 的毕业生考入重点大学。其中有 728 位同学考入 985 高校，占比 16.13%；1479 位同学考入 211 大学，占比 32.8%。今天的厦大附中，有接近五成的高中毕业生可以进入"双一流"高校学习。我们不仅能在北大、清华等中国知名高校中看到众多的附中毕业生，也能在哈佛大学、麻省理工学院、斯坦福大学、加州大学伯克利分校等世界一流名校中看到附中学子的身影，他们和众多附中学子一样，都有一个共同的称呼：附中人。

2022 年高考本科达线率 98.47%，本一达线率 81.12%，"双一流"高校录取率 42%。中考普高达线率 93.1%，为近几年新高，远超过全市平均水平。学生在各类学科竞赛中获得市级奖 313 个、省级奖 83 个、国家级奖 4 个。五大奥赛中获得省三等奖以上 49 人，其中一等奖 10 人，占全市获一等奖数的 50%，蝉联第一。黄胤儒、吴桢、黄培江、陈甄 4 位同学入选省队，最终在国赛中获得 3 银 1 铜的优异成绩，为全市所仅有。2022 年奥赛五个学科均有省第一名的，全省只有我校和福建师大附中、厦门一中、福州三中 4 所学校。我校已进入全省奥赛强校行列。

"五育"并举成效显著。男足、游泳、乒乓球、田径、定向越野、男篮、攀岩等项目在省、市比赛中获得多个奖项。有 10 位同学的美术作品入选区、市级美术馆展览。陈俊霆同学获市青少年儿童科艺创意大赛初中男子组 3D 打印创意赛个人赛一等奖。陈晋彬、徐初涵、赖文杰同学在"互联网 +"大学生创新创业大赛（萌芽赛道）获得全国金奖。本年度学生在报刊上发表作品 240 余篇。张锦琪、黄佳钰同学的作品集《黑板下的旅行》《梅子熬成茶》公开出版。在"新闻晨报·周到"杯第二十五届全国新概念作文大赛决赛中，福建省共 5 人获奖，我校高一（2）班吴占铠、高三（1）班蓝子渊、高三（10）班张婷宇 3 位同学获奖。

教师在各类业务竞赛中获市级以上奖项 69 个，公开发表教育教学论文 113 篇，出版教育专著 1 部，省、市级课题各结题 1 项。评选区级骨干教师、学科带头人 52 人，林运来老师晋升为正高级教师，江振武老师被评为福建省特级教师。教研课题"中学数学教研组建设'三课'联动模式实践研究"获 2022 年福建省教学成果奖一等奖。在福建省中小学实验教学说课比赛中，我校有 3 位老师分别获得一、二等奖并被推荐参加全国比赛（全市共推荐 8 节课）。

2022 年，留在我们每个人的记忆深处乃至令我们终生难以忘怀的是疫情带来的深刻影响。我们一年里两度在学期将要结束的关键时刻突然改为居家线上教学，经历了一次特别的甚至是全国独一无二的高考，经历了我本人从未经历过的在元旦前开始了的"寒假"……疫情引发的全球动荡加速百年未有之大变局的演变，世界以前所未有的方式再次向我们展现了它的不确定性。在此背景下，教育为何，何为教育，教育何为，我们不能不思考。我今天致辞的题目借用法国 18 世纪启蒙思想家卢梭在其《爱弥儿》一书中指出的"教育为人生"。

2019 年 12 月 12 日，为纪念著名教育家、哲学家约翰·杜威诞生 160 周年、来华讲学 100 周年，外交部、教育部有关部门在北京钓鱼台国宾馆举办了"新生代·新伙伴"论坛，我应邀参加，与联合国前秘书长潘基文先生同台讨论"未来教育"。我在发言中说，100 年前，杜威来华，在中国之行的两年多时间里，他作了 200 多次演讲。在教育部的第一次演讲开始，他提出两个问题：为什么要有教育？为什么要有教育哲学？我认为，杜威是教育家，但首先是哲学家。杜威的教育理论是建立在杜威实用主义哲学基础之上的。我觉得，现时代迫切呼唤新的教育哲学，需要一种基于建设人类命运共同体之上的教育哲学。教育即生长，要提高人的生存能力，我们需要怎样的生长？教育要提高人的竞争力，我们需要怎样的竞争力？在兼顾公平和效率的基础上，教育如何有助于建立竞争有序的和谐社会？教育能不能、应该不应该带给儿童快乐？怎样的教育能给人带来幸福？今天的中华民族到了最接近伟大复兴的时代，我们的教育应该有什么样的姿态？教育是否存在过度的问题？教育的功利性会不会日益严重？人工智能会不会使计算机发展、智能发展妨碍智慧发展？一味地发展技术会不会降低人们求知的快乐？创新的步伐能不能更稳健？……我向与会的专家介绍说，厦大附中一直在探求一种合适的教育哲学。我们努力用一流的教育服务品质办学生喜欢的学校，通过人道的应试教育努力让教育尊重生命，以奋斗成就幸福的平凡人。当主持人要我用一句话寄语 2020 年中国教育时，我不假思索地说："让教育更加尊重生命！"

联合国教科文组织"教育的未来"国际委员会在其编写的《一起重新构想我们的未来：为教育打造新的社会契约》报告中指出："我们人类和地球正遭受着威胁。新冠疫情只不过证明了我们的脆弱性和相互关联性。我们现在需要采取紧急行动，一起改变方向，重新构想我们的未来。"在这份报告的序言中，联合国教科文组织总干事奥德蕾·阿祖莱（Audrey Azoulay）写道："如果说有什么让我们在过去的一年半更加团结，那一定是我们感受到的当前的脆弱性和未来的不确定性。我们比以往任何时候都更加迫切地意识到，我们需要采取紧急行动，改变人类的发展路径，使地球免遭进一步破坏。"他指出："教育在应对这些艰巨挑战方面应发挥至关重要的作用。不过，正如新冠疫情所揭示的，教育本身也是脆弱的：新冠疫情高峰时期，全球各地有 16 亿学习者受到学校关闭的影响。"这一点老师、同学们都有深切体会。报告还指出："在这个共有的星球上我们彼此相连，而且我们务必共同努力。"今天，我们比以往任何时候都深刻地认识到人类是命运共同体。

当代法国社会学家、哲学家、人类学家埃德加·莫兰（Edgar Morin）在其《教育为人生：变革教育宣言》一书中指出："自然科学让我们获得了许多确定性，但在 20 世纪，有无数领域显露出了不确定性。教育应当包含有关不确定性的教育。"他认为，"不确定性是科学的核心"。莫兰说："人们再也无法消除不确定性，因为人们不能非常精确地认识系统中的各类相互作用，尤其当这个系统是一个复杂系统时。因此，不可预知性就成了决定论本身的关键。"事实上，从古及今，不确定性是这个世界唯一的确定性。我们唯一能做的就是要学会在不确定性中寻找确定的东西，从而去掌控自己的生活，不让自己失去方向。那么，什么是这个充满不确定性的世界中的最大确定性？毫无疑问，这个问题没有标准答案，在不同的系统和维度中也必然存在多个并行且正确的答案。但我觉得，接受正确的教育是其中最大的确定性，这毋庸置疑。然而，什么是"正确的教育"仍然具有极大的不确定性，需要我们自己给出判断，厦大附中也力图通过实践给出自己的答案。

我觉得学习或者说接受教育的第一目的不是知识本身，甚至也不是获取知识的方法，而是在充满不确定性的世界中不断明晰确定性的能动性，养成一种自我可持续发展的能力，以期以不变应万变。英国数学家、逻辑学家、哲学家和教育理论家怀特海在《教育的目的》一书中说："学生是有血有肉的人，教育的目的是为了激发和引导他们的自我发展之路。"他在书中引用英国坎特伯雷大主教坦普尔的名言："一个年少时在拉格比公学表现平平的男孩子，在其长大成人后却非常成功，人们对此感到非常惊讶。大主教在解释人们的困惑时说道，'问题不在于他们18岁时怎么样，重要的是他们之后将成为怎样的人'。"

2022年12月30日，附中第二届毕业生、2013届的林恩平校友从厦门大学提前完成博士学业获得博士学位，即将赴哈佛大学做博士后研究，他成为厦大附中毕业生中第一位获得博士学位的校友。一周后，2023年1月6日，同为2013届的陈艺贞校友从北京大学博士毕业获得博士学位。截至目前，有近30位附中毕业生正在国内外知名高校攻读博士。在得知恩平和艺贞两位校友取得博士学位后，我不由得想起正在美国威斯康星大学麦迪逊分校攻读博士学位的2014届毕业生吴紫彦校友，五年前她以优异的成绩从福建工程学院毕业进入美国斯坦福大学攻读硕士学位，硕士毕业后进入麦迪逊深造。紫彦在给我的信息中说："附中在我的人生观和价值观的形成过程中起到了很多的积极作用，一直在鼓励我往前走。"这里，我想说，老师和家长不要将孩子的18岁作为其人生终点，同学们你们自己更不要将18岁作为人生终点，未来具有无限可能性。18岁的恩平考入福州大学，18岁的艺贞考入中央民族大学，18岁的紫彦考入福建工程学院，而28岁的他们就已经不同凡响，我们有理由相信他们的未来更精彩。诚如莫兰所说："我们的目标是，要塑造既有广泛的文化修养又在某个特殊方面有专业知识的人才，他们的专业知识可以给他们进步、腾飞的基础，而他们所具有的广泛的文化，使他们有哲学般的深邃，又有艺术般的高雅。"我心目中的厦大附中就应当是这样一所学校，她立足学生世界观的塑造，为学生养成一种正确的人生态度和良好的生活方式奠定基础。莫兰语："我们可以教会别人更好地发挥自主性，正如笛卡尔所说的，一种更好地运用精神去解决自己生活中问题的方法。"

2022年12月14日是附中建校15周年纪念日。那天早晨6点42分，学校公众号推送了我的文章《厦大附中：不仅是一所学校，更是一种人生态度，一种生活方式——写给厦大附中15岁生日的"万言书"》。之所以选择6点42分发布，是因为那天附中所在地的日出时间是6点42分，我以此寓意厦大附中如红日初升，天然温暖，养护生命，朝气蓬勃，充满希望，能量不竭，热情如初，未来无限，前途光明……作为创校校长，我由衷希望今天的附中如朝暾初升而不希望她是中升之日，这意味着附中刚刚露出地平线，前途无量，前景辉煌！

显然，厦大附中首先是一所学校，是一种文化，而对于很多在厦大附中学习和生活过的附中人来说，她也是一个温馨的家，是一个爱的港湾，是一种情感归宿和精神寄托，这在今天无须罗列证据。但我想说，厦大附中更是一种人生态度，一种生活方式，也即附中人不仅能从哲学层面养成一种人生态度、一种生活方式，这使我们在未来的人生历程中信心百倍，而且在面临具体事件时有对应的解决方案，也将使我们面临具体困难时游刃有余。态度决定一切，而生活方式就是人生画卷，什么样的人生态度和生活方式就决定一个人有什么样的人生。教育就是为了这样的人生。厦大附中是一所具有独特而深刻文化内涵的学校，而当这种学校文化与附中人主客体交融、形式和内容融为一体难以区分时，厦大附中就成了一种文化图腾和力量源泉。所以，我认为，于附中人而言，厦大附中就是一种人生态度，就是一种生活方式。

如果说厦大附中是一种人生态度，这个态度就是指做幸福的平凡人；如果说厦大附中是一种生活方式，这种生活方式就是拼搏进取、守正创新，就是自强不息、止于至善的校训精神。拼搏，进取，守正，创新——每个词语背后都有附中人的深刻思考和实践诠释。它不仅是一所学校进步的精神力量，也必然是其中每个成员的精神底色和文化基因。当这种精神和文化融入我们的血液后，就成了我们的生活方式。当我们抱定做幸福的平凡人的人生态度，拼搏进取，守正创新，止于至善，我们的人生就一定会更幸福！

　　最后我想说，如果不尊重生命，那么，所有的教育皆可废除！

2023 年 2 月 1 日

当向往成为现实

——2023—2024 学年第一学期开学致辞

尊敬的各位同事，亲爱的同学们：

大家新学期好！

首先，我代表学校欢迎 13 位新老师、828 位七年级新生、519 位高一新生加入附中大家庭！欢迎老师、同学们的到来！新学年，我校共有 80 个班级，学生 3927 人、教职工 405 人，全校师生员工共 4332 人。

过去一学年，是我校被省教育厅认定为福建省首批示范高中的开局之年，是学校"十四五"发展规划实施承上启下之年。在上级领导和社会各界的关心支持下，经过全体师生员工的共同努力，学校向建设高品质示范高中迈出坚实步伐，德智体美劳"五育"并举，内涵发展更见特色，教育教学成果丰硕，关键业绩可圈可点。2023 年，高考本一达线率 88.52%，本科达线率 98.92%。600 分以上高分人数 181 人，占比 38.92%。"双一流"高校录取 212 人，录取率 46.59%。中考普高达线率 95.60%，再创新高。

过去一学年，学生在各类学科竞赛中获市级奖 313 个、省级奖 83 个、国家级奖 4 个。五大学科奥赛获得省三等奖以上 49 人，其中一等奖 10 人，占全市获一等奖数的一半，蝉联第一。黄胤儒、吴桢、黄培江、陈甄四位同学入选省队，最终在国赛中获得 3 银 1 铜的优异成绩，为全市所仅有。8 月 10 日至 15 日，我校成功承办第 22 届中国女子数学奥林匹克赛事，厦大附中队获得 1 金 2 银 1 铜，陈甄同学进入前 16 名，是此次赛事中福建省唯一入选中国数学奥林匹克冬令营的选手。"校园写作，润泽生命"办学特色进一步彰显，这一学年学生在公开发行的报刊上发表作品 339 篇，2023 届高三（10）班陈妍言的作品集《试扑流萤》、周奕菲的长篇小说《自渡》、曲博和邱芃苡的作品合集《黎明之前》在高考前正式出版。至此，我校在校生出版个人文学作品集 14 部。7 月 27 日，《闽南日报》发表记者采写的《这里诞生了一群"小作家"》。校园写作已成我校重要的办学特色。

老师们、同学们，从 2008 年开办之初的 6 个班、241 位同学、21 位老师，到今天的 80 个班、4300 多名师生员工；从一座滨海荒山到今天享誉八闽大地的省首批示范高中……附中 15 年，演绎了一段教育传奇。今天的厦大附中，不仅高质量地服务本地居民，还成为众多学子向往的求学乐园和成长殿堂。今年，高一录取 519 位新生，来自至少 58 所中学；七年级新生户籍虽然均属我校施教区，但来自 189 所小学。身份证号码显示，828 位同学来自 26 个省（区、市）、101 个地级市、206 个县（区）、10 个民族。厦大附中真正是一所文化多元、极具包容性的大家庭。

然而，不是所有人都能幸运地走进附中校园，坐到附中教室里。今年 7 月初，我收到一位校友的留言，她说她表妹经常听她描述附中，所以从初一开始便很向往高中时能到厦大附中学习。表妹满书桌都是关于附中的励志语，微信背景也是厦大附中，但因为今年附中没有对县自主招生，她只好参加了县一中的自主招生考试。考上了县一中，便没有了选择附中的机会，表妹和妈妈抱着大哭了一场。这位校友说，附中对于已经毕业的我们、还在附中的学弟学妹们，以及对附中满心憧憬和向往的学生们，都是白月光一般的存在，在无数个奋斗的日子里激励着很多人向前，成为更好的自己。

这样的故事很多，为此，我写了《厦大附中，我来啦！》《向往的种子是何时埋下的》两篇文章，7月31日在学校公众号上同时发布。《厦大附中，我来啦！》一文中写到了三位主人公，其中两位此刻就在我们当中，她俩的向往成为现实，而另一位就是我刚提到的这位同学，她向往的种子就没能开花。

向往的种子何时埋下的？这个因人而异，只有你自己最清楚。此时此刻，我要追问的是，当向往成为现实以后，我们应该怎么做？"当向往成为现实"就是我今天致辞的题目。

作为省示范高中，厦大附中的高中教育质量无疑是非常出众的。考进了厦大附中不只是意味着一只脚已跨进了大学的校门，而是两只脚都跨进了大学的校门。能够考进附中高中部的同学，初中都是成绩拔尖的学生，但要在高手云集的附中高中部继续领先并非仅仅靠努力就能做到。这一点一定要认识到！高考的第一功能是选拔，选拔意味着淘汰，也意味着排名，排名会带来本不应有的无时不在的、局部的"内卷"，会无端消耗"心力"，降低学习效率。事实上，高考升学竞争并非发生在附中内部，所以只要不放弃就可以赢得高考。但遗憾的是，不仅在附中，几乎在所有的重点高中，有相当一部分本来基础不错的同学最终被自己打败。所以，我想说，在厦大附中，就高考而言，无人可以打败你，除非你自己。

一个人最重要的觉悟，就是认识自己的能力和价值所在。每个人都有自己擅长和不擅长的事。只有足够了解自己，才能不受外物羁绊，选择最适合的道路，心无旁骛地走下去。当你能找对定位，认准方向，你的人生自然就能拾级而上，越走越高，你将变成更好的自己，你想要的生活才会奔你而来。我们要珍惜时光、珍惜生命，要做那些自己真正喜欢、真正能做的事，要用一辈子的追寻活出生命的意义。你不擅长短跑，也不是长跑健将，总之你就不是竞赛型选手，甚至根本不是运动员，但只要你在跑，就可以跑到你想去的任何地方，只是用时稍长一点而已。尼采说："世上有一条唯一的路，除你之外无人能走。"这也即"天生我材必有用"。只有成为你自己，才能有真正的幸福快乐。在人生长跑中，假如输在起跑线上怎么办？我想答案不言自明。人与人之间最小的差距是智力，最大的差距是坚持。坚持到底就无所谓起跑线上的输赢！假如你输在起跑线上，但只要你胸怀理想，努力拼搏，你一定能赢在终点线上！

今年的7月2日，我收到2015届高中毕业生洪欢婕校友写给我的3000字长信，她是在赴美国约翰·霍普金斯大学深造前给我写的这封信。她在信中说："当年我以仅高于本校学生录取分数线2分的成绩考上高中部，应该是2015届新生里中考成绩倒数前三位的学生。高一一年的考试，我都一直待在第9考场里，偶尔有一两次'有幸'踏入第8考场，但很快又被'打回原形'，直到高二文理分科。我到了文科班后，压力才算减少了许多，但依然还是非常辛苦的，我必须很努力地学习，才能够达标。"欢婕同学的高考成绩超了本一线25分，录取到一所地方一本高校，但她一直没有停下追逐梦想的脚步，最终圆梦国际知名大学，同时还获得联合国日内瓦总部的实习机会。她在信中说："当我看到校长《假如输在人生起跑线上》的讲话，您说，'每时每刻都是起跑线，关键是你跑了没有？你跑起来的那个地方就是起跑线！'我觉得仿佛也是对我这几年来努力的一种肯定。"和你们当中的很多人一样，欢婕同学家在漳州市区，小学来附中一趟就喜欢上附中，2009年秋天成为附中初中第二级学生，在附中就读六年。8月25日北京时间5点33分，我收到她从美国发来的信息："校长早上好！我今日已到校报到，领取学生卡，一切顺利，盼您也诸事顺利！"约翰·霍普金斯大学排名全美前十，是国际知名的研究型、学术型大学。

2015年12月5日，刚上大学三个月的欢婕在给我的信中说："尽管最后录取的大学不尽如人意，可我在心里确立了以后出国读研的目标，因此我在大学仍然努力念书。同时我也清楚，大学是要靠自己的，老师不会再过多地管你，只有自己才能决定自己的四年要怎么过，毕业后走上什么样的道路。而这一切，都是母校培养的，让我即使在毕业后，仍然能保持良好的学习习惯，不至于荒废时间浪费了四年。"刚上大学，欢婕就"确立了以后出国读研的目标"。2019 年她本科毕业，以优异的成绩进入厦门大学深圳研究院从事国际教育工作，但她一直没有忘记心中的目标，疫情管控一放开，就凭实力获得出国深造的机会。

因为向往附中，她来到了附中，以刚达线的中考成绩考上附中高中部，回避不擅长的理科选择喜欢的文科，高考分数超过本一线 25 分，进入同级学生高考成绩的前四分之三，最终进入世界一流名校深造……欢婕一直都在进步，她难道不是后来居上？

当对附中的向往成为现实后，作为附中学子的我们应该怎么做？自强不息，止于至善，欢婕就是楷模；拼搏进取，守正创新，众多学长学姐就是榜样。

老师们、同学们，厦大附中的校长是不可以偷懒逍遥的，但他可以是幸福的；厦大附中的老师是不可能轻松的，但他可以是快乐的；厦大附中的学生是不可能没有学习负担的，但他的面容是常带着微笑的。感谢同学们和你们的家人对附中的深情和信任！但我要说，厦大附中是中国几十万所学校中的普通一所，别人有的困难和问题我们都有，大家一定要有心理准备。我们有很好的校园环境、办学条件和优秀老师，但我要忠告大家，无人可以替你学习，正如无人可以替你吃饭一样。我希望你们能够像欢婕同学一样，正确认识自己，努力成为自己，成为最好的自己。假如今天输在起跑线上，或者在人生征途中暂时落伍，你一定要，也一定能开心地追逐自己的理想，未来成为"国之栋梁"，做一个幸福的平凡人，且能为更多人带来幸福！

谢谢大家！

2023 年 9 月 9 日

（注：因台风持续影响，开学一再延迟，此文最终以书面形式，于 2023 年 9 月 9 日下午在校园网和学校公众号同时发布。）

我为什么主张贴近学生做教育

——2024 年新学期开学致同事

尊敬的各位同事：

大家新学期好！今天是正月十一，我和余老师在老家安徽安庆给大家拜个晚年，祝大家龙行天下，万事如意！

自去年 10 月 12 日正式卸任校长退休至今已四月余，我的心没有一刻不和大家在一起。我依然第一时间浏览周计划；只要打开电脑就会第一时间打开学校网站，只要是开机，网站的主页就会一直打开着；我仍然会第一时间阅读学校公众号文章并转发；我仍然会仔细研究包括月考在内的全校所有考试的成绩表……但今天，我再次深切地意识到自己退休了。看了学校网站、公众号上关于今晨开学典礼的报道，拜读了永春校长的开学典礼致辞《充满韧性的生命，拥有更美好的未来》，非常振奋。我从 2007 年 9 月就任厦大附中创校校长，成为学校第一位教师始，到 2023 年 10 月，在附中工作了整整 16 年。从 2008 年 9 月 1 日开校揭牌到 2023 年秋季开学，15 个学年 31 个开学季，我做了 29 次开学典礼致辞。缺席的两次一次是 2020 年春季因疫情原因推迟并陆续开学，未举办开学典礼；一次是 2015 年春季开学典礼，我请高中 2016 届高雅同学代为致辞。每年准备两次开学典礼、两次毕业典礼共四次典礼致辞是个负担，但我没有念过旧稿，不曾让人代写一个字。今天，我终于逍遥了，不需要搜肠刮肚、字斟句酌了。然而，虽然觉得送给学生的话说完了，但又觉得还有许多话要对大家说。

应华东师范大学出版社之约，我从去年暑假开始整理三部书稿《贴近学生做教育》《让生命因教育更幸福》《通向幸福的教师成长》，使我得以有目的地思考附中的成长之路。我一直认为，和美的师生关系是附中最重要的教育力量。在整理《贴近学生做教育》一稿时，我无数次默念这句话，无数个温馨的故事和美好的画面浮现在脑海里。春节前，《贴近学生做教育》书稿已整理成型交付出版社，书序以"贴近学生做校长"为题先期发表在《福建教育》（中学）2024 年第 1 期上。刚拿到样刊，有感而发，今天就和各位谈谈这个话题。

为什么主张"贴近学生做教育、贴近学生办学校、贴近学生当校长（老师）"？为什么强调"贴近学生"？《贴近学生做校长》一文从理论和实践两方面作了详细的阐述。大家知道，厦大附中的发展目标是"培育一流的教育服务品质，用合适的教育办学生喜欢的学校"，我们的发展愿景是"办所有学生永远喜欢的学校"。"教育无非服务"是我们的教育哲学，是我们的核心教育理念。我认为，只要我们承认并尊重人的生命权利及其固有价值，那么，学校教育特别是由政府举办的基础教育，就应当是不附带任何条件地服务于"人"的健康成长。只要我们承认教育就是服务，就是服务学生成长，进而"办学生喜欢的学校"，那么，"三贴近"就是基本、基础、有效的服务原则。如果不时刻贴近服务对象就谈不上优质服务、有效服务，这是个常识问题。

如此看来，我之所以主张"三贴近"、主张贴近学生当校长，是为了更好地服务学生、服务学生的成长。"三贴近"的想法由来已久，这与我的个性和教育观有关，从某种程度上说是自然而然生成的，是一种感性的选择。多少年来并未深刻反思过。在开始整理《贴近学生做教育》这部书稿到现在近一年的时间里，我经常问自己：为什么主张"贴近学生"？思来想去，仍觉《贴近学生做校长》一文意犹未尽。我因此有了更深入的思考。我发现或者说顿悟出"贴近"的深层意蕴，这就是"尊重"——尊重孩子，尊重生命！是故，"贴近"不是庸俗的迎合，也不单纯是优化可见的服务，而是指向教育目的的有效教育途径。

教育是为人的！怎样为人？人们经由教育要成为什么样的人？这就是教育的目的。教育的目的是什么？我们最耳熟能详的是《中华人民共和国教育法》第五条的表述："教育必须为社会主义现代化建设服务、为人民服务，必须与生产劳动和社会实践相结合，培养德智体美劳全面发展的社会主义建设者和接班人。"简言之，教育要培养"全面发展"的人。怀特海《教育的目的》一书中说，教育的目的是为了激发和引导学生的自我发展之路。该书第一章的开篇写道："我们的目标是，要塑造既有广泛的文化修养又在某个特殊方面有专业知识的人才，他们的专业知识可以给他们进步、腾飞的基础，而他们所具有的广泛的文化，使他们有哲学般深邃，又有艺术般高雅。"

格特·比斯塔在其《教育的美丽风险》一书中说："教育（至少）在三个领域中具有功能，也因而教育的目的可以在三个领域阐释。一个领域是资格化，它涉及获取知识、技能、价值观和性情等。第二个领域是社会化，它涉及我们通过教育而成为已有传统和已有行动及存在方式中的一员。第三个领域是主体化，它涉及对受教育者的主体性或'主体'的关注，同时涉及解放和自由以及和这一自由连带而来的责任。"格特·比斯塔在其另一本著作《测量时代的好教育——伦理、政治和民主的维度》中写道："我把这（教育）三个目的称作资格化、社会化和主体化。"他进一步解释："资格化就是向他们提供知识、技能，帮助他们理解，以及给予他们做事所需的判断倾向和判断方式。""社会化功能表达的是我们如何通过教育成为特定社会、文化和政治'秩序'的一部分。""主体化功能不妨理解为社会化功能的反义词，准确地说，它不是把'新来者'嵌入既存秩序，而是暗含独立于秩序之外的存在方式，暗含个体不单纯作为包罗万象秩序中的'标本'的存在方式。"

教育的目的是什么？不同时代、不同国家和地区、不同人会有不同的表述，但都围绕"人的发展"。故本人不揣冒昧，这里试将教育的目的表述为"人的自我全面发展"以及"养成人的自我全面持续发展的能力"，即，学校教育不仅要激发和引导学生现在发展，还要为其未来发展奠定基础。人要在成为自食其力、独立自主的自然人的基础上，进一步发展成为与世界、与社会和谐相处的社会人，再进一步成为夸美纽斯所说的"万物的主宰及其造物主的形象"，教育在这个漫长过程中发挥积极作用。比斯塔所说的"主体化"就是"个体化""个性化"，也就是使人在更理想的层面成为"他自己"。比斯塔说："任何名副其实的教育都应该促成主体化的过程，这个过程允许受教育者成为更加独立自主的思想者和行动者。"要言之，教育应当使人成为"更好的自己"而非重复别人，尤其不能降格为促进就业、维护稳定的社会工具。

我心目中的"理想教育"是什么样子的？要回答这个问题首先得回答"我希望我的学生成为什么样的人"。大家知道，我给学生寄语最多的一句话是"做幸福的平凡人"，但其实这句话只是个方向，非常笼统。怎样做幸福的平凡人？怎样的人才算是幸福的平凡人？平凡人无须讨论，而怎样的人才会幸福？我作过很多阐述，这里不再赘述。我们每个人都可以凭感性完美地回答这个问题。用比斯塔的观点简言之，我们在"资格化""社会化""主体化"的教育过程中，得到了自主的全面的发展，成为一个"更好的自己"乃至"最好的自己"。幸福是一种能力，这种能力不会自然而然获得，需要一辈子追寻。我愿意将所有优秀的人的优秀品质加诸我的学生身上，故没有必要在这里一一罗列。统而言之，我希望他们拥有最出色的头脑和最健全的体魄，成为最优秀的人，但我更愿意他们成为"最好的自己"，做幸福的平凡人。

回答了培养什么样的人、成为什么样的人的问题，再来讨论什么样的教育是理想教育就水到渠成，显而易见。前不久，一位老师在网络上的留言引发广泛关注。这位老师抱怨道："我的班级就像一个坟墓。早读静悄悄的，有的同学甚至睡着了，就连校长来了也叫不醒。提问时也是寂静无声，几乎只有一个学生回答问题，其他同学眼神迷茫，很多人坐得笔直但其实已经睡着了。教育到底出了什么问题？"实事求是地说，这不是个别现象，而是随着学段越高越随处可见的课堂现象，且以大学课堂为"最"。有人认为，"应试教育造就了一批'标准答案至上，追求既定目标'的学习机器，扼杀了孩子们的批判性思维和创新精神。当孩子只会答题不会提问时，教育之路变得越来越狭窄"。我不认为应试教育是直接的罪魁祸首，应试教育的课堂仍然可以生动活泼，而非应试教育的课堂照样会死气沉沉，譬如大学课堂、各类培训课堂等。我更不认为这是学生的责任。我认为这是我们的教育文化、课堂文化出了问题。从课堂到社会，从小课堂到大课堂，我们习惯了"一言堂"。扭转这种局面需要全社会共同发力，而我们站在课堂上的一线教育工作者更是责无旁贷且大有作为。师生间的"鸿沟"需要我们填埋，师生间的隔阂需要我们沟通！而解决这个问题最有效的途径就是师生贴近，再贴近！

　　说到这里，"我为什么主张贴近学生做教育"的答案就出来了。我希望我们的学校是真正民主、自由、平等的。所谓"真正"，是指深处其中的师生已无须思考这个问题，它如空气一般如影随形而不必时刻觉知。只有当贴近、尊重以及被贴近、被尊重都成为自然而然的事，一种"不受压迫"的自由成长环境才算形成，"真教育"才会出现。这里不是监狱，没有恐惧，没有威权，没有命令，没有隔阂……在这里，民主、自由、平等的教育学意义得到承认和尊重；在这里，学生处在教育、学校、课堂的中心位置，成为教育、学校和教师的服务对象；在这里，可以独立思考、自由思想、自由表达而非人云亦云，可以只做自己而无须"戴面具"；在这里，所有人洗脱奴性，无须一味盲从，心灵得以解放；在这里，敢于维护自身利益，敢于质疑、批判，勇于捍卫真理，敢于伸张正义；在这里，拒绝教育的工具化和人的工具化而人性得到呵护，没有竞争，没有暗斗……一切健康美好的人性只有在没有压迫、恐惧的自由环境里才能养成。在充满爱的环境里才能更好地养成"爱"的能力，在幸福的环境里才能养成幸福的能力。有什么样的环境才能更好地养成什么样的能力。校园应当是每个人的"天堂"，他在其中得到什么，走出校园他就会奉献什么，就会主动参与到社会的改良改造当中去。

厦大附中高中 2021 届毕业生李昱圻在高考结束、毕业离校的第二天写了一篇约 2300 字的文章《尊重与宽容——附中之于我》发在朋友圈里，阅之令我感慨、难忘。文章开篇即言："这几天慢慢码字，回顾六年来的美好记忆。9 号晚上，我在微信上告诉姚校长，最想对附中说的就是六年来附中对我的尊重和包容。校长颇为触动，不仅在微信上回复了我，在第二天毕业典礼签字时也亲口告诉我这是对附中和附中老师们的最高评价。"文章围绕"尊重和宽容"举了很多例子，和我直接有关系的事有四件。他曾向我反映食堂超市物价问题，我不仅立即反馈且随后就到校外超市了解行情，当晚我就将相关情况反馈给他。所以，他说："现在一想，假使我在其他学校，我哪里敢向校长频频反映问题，表达不满呢？又会有哪个校长愿意听我说话并解决问题呢？鲜矣！"文中有很多细节读来令人忍俊不禁。譬如，他说，八班有个经典场面是"李昱圻与邹主任争辩"。"邹主任"是他们的班主任邹佳老师。"我经常会为校服、迟到等一些或大或小的事情与邹老师争论（注意不是吵架），进行逻辑上的激烈交锋。"我完全能想象出其场面的激烈有趣。这与那些辩不过学生、说服不了学生却"绑架"家长来施压的老师反差何其鲜明！（我知道各位不会这样，但如此差劲的同仁到处都是）昱圻诚恳地说："在成长与处世上，我以前可谓满身傲气和戾气，即使现在也还是年少气盛。但附中的同学、老师，并没有给我以'社会的毒打'，反而在不断地欣赏、鼓励、支持我，让我保留那份意气，同时也主动磨去一些扎人的棱角。"

昱圻的例子是厦大附中"贴近学生做教育"众多鲜活案例中的普通一例，这样的故事每时每刻都在发生。捍卫儿童权利本质上也是捍卫成人权利。只有当学生勇于对老师、校长说"不"从而养成"独立之精神，自由之思想"，未来才有可能成为推动社会发展的积极力量。故我所谓的"贴近学生"绝不仅是做一个宽容、温和、学生喜欢的老师，而是试图营造一种自然、自由、充满活力和创造力的校园环境和课堂氛围。这不仅有利于个人成长，也必然有利于社会发展和世界进步。当然，我不想隐瞒自己的隐忧，即"昱圻们"走出厦大附中校园、经历"社会的毒打"后可能会成为我"不喜欢的人"，譬如"精致的利己主义者"等。但现时，我只能也必须做我愿做、能做、该做的事！我心无悔！同时，我相信附中教育的力量！

我愿意再一次表明，校长的做法不止一百种，我这种做法是最笨的。然而，"大巧若拙"，这最笨的办法让我的校长生涯并不比别人更苦。我1996 年 8 月任副校长，33 岁；1998 年任校长，35 岁，近 28 年的校长旅程，一路走来，留下太多美好回忆。我的法宝就是"贴近学生"：生活在学生中，关键时刻有我，我在现场，彼此看见！

就说这些。一孔之见，敬请批评指正！感恩遇见！感谢各位一路同行！我非常清楚，与我共事，各位异常辛苦，感谢大家的宽容！因我个人的原因，没能与大家在正式场合告别，本文就算是后补的退休告别致辞吧。

再次感谢大家！

2024 年 2 月 20 日

中编 怎样带给别人幸福

品德是人的第一智慧

——2019 届高中毕业典礼致辞

尊敬的各位老师、各位亲友团的成员，亲爱的各位同学：

大家上午好！

最强大的力量莫过于时光，它丝毫不费力地将我们在座的所有人连同我们所能感知的一切带到了这个富有历史意义的时间节点。我们无法抗拒，只能接受。2012 年以来，每年 6 月 9 日的傍晚，我都要习惯性走到无人的高三年段巡堂。明知道巡无可巡，但我无法停下自己的步伐。那一刻，我总是心潮澎湃、思绪万千，怀念和不舍充溢我的脑海。前年的今晚，我在微信朋友圈里发了这么一段文字："照惯例，晚自习开始后到教学楼挨个教室走一圈，照样走过洁行楼 3 楼 4 楼的每一间高三教室。看着没有灯光、空无一人的教室，心里空落落的。往年此时，至少还能看到他们留下的各种复习资料，今年也早早地被清理运走了。捐书环节因故'流产'，学弟学妹们也很失望。对于儿子小时候剪下来的指甲都不肯丢掉的我来说，心里确实有点难过。"记得那天晚上我的情绪很低落。这几天我一直问自己：今晚能不能不去？我想我还是不能！我相信，当我走过你们的教室，我一定能体会到一种幸福和快乐。

从你们踏进附中的那一刻起，离别就成了注定的最清晰不过的目标。看着你们即将远去的背影，我忽然觉得有句非常重要的话要在这里再次嘱咐。我儿子曾经问我："厦大附中的发展离不开许多人的帮助，可是，在举目无亲的地方为什么有那么多的人愿意帮你？"我脱口而出："能吃苦，肯吃亏。"在我身旁的太太嘱咐儿子："你要记住了！"2017年的最后一天，我在博客上发了一篇文章《不忘初心，继续前进——致全体附中人》，其中有这么一句话："创建附中十年我只做了一件事——做人。"今天我想对同学们说，这是我最重要的人生体会和处世之道：品德是人的第一智慧。这句话大家不应当陌生！在6号宿舍楼前面的橱窗背面，这句话已经贴在那里八年了。八年前的11月，我们在首次举办的文化月活动中安排了一个活动：在"品德是人的第一智慧"的主题下，请全体同学投票推选古今中外的"道德楷模"或者叫"著名智者"。大家选出了钱学森、周恩来等12人，我们将他们的照片一并张贴在橱窗里，等会儿你们回宿舍时还能看到。过去的三年或六年我不知道你们是否仔细关注过，也不知道你们是否记住、理解了这句话，更不知道你们是否愿意将这句话作为重要的人生指南。"品德是人的第一智慧"，这就是我今天讲话的题目。

品德是人的第一智慧，这样的表述不知是否有出处。我不能确定这个观点是自己的创见，我宁可相信它有出处。我现在可以简便地在自己的文章里找到这句话最早出现的地方，是在我原来工作的学校50周年校庆时印制的画册里的校长致辞中。当时我是对老师们说的。原文是这样的："尊敬的同事们，我们选择了教育，就意味着选择奉献、选择崇高，当牢记品德是第一智慧。因此教书必先育人，育人首要育德。"2007年8月，我在起草《厦门大学附属实验中学四年发展规划（2007.11—2011.6）》时，将"树立品德是人的第一智慧的意识，要坚持以德启智"作为办学思想和基本理念写进规划。可以说，附中尚未正名时就确定了这种精神和灵魂。12年来，我们没有成天将这句话挂在嘴上，却实实在在地将之融入我们的每一个教育行为中。

品德是人的第一智慧。品德是什么？品德就是品质道德，也称德性或品性，是人依据一定的道德行为准则行动时所表现出来的稳固的倾向与特征。品德就其实质来说，是道德价值和道德规范在人身上内化的产物。智慧又是什么呢？它是生物所具有的基于神经器官的一种高级的综合能力，包含感知、知识、记忆、理解、联想、情感、逻辑、辨别、计算、分析、判断、文化、中庸、包容、决定等。智慧可以让人深刻地理解人、事、物、社会、宇宙、现状、过去、将来，拥有思考、分析、探求真理的能力。智慧与智力不同，智慧是表达智力器官的综合终极功能，与"形而上者谓之道"有异曲同工之处；智力则谓"形而下者谓之器"，是生命的一部分技能。在学校里，我们经常讲德智体美劳"五育"并举。德育就是品德教育；智育是发展智力的教育，有时也单指文化科学知识的教育。可见，智慧、智育、智力有着不同内涵。从某种程度上说，"五育"的终极目的就是养成智慧，而德育为先，说明品德本来就是智慧的最重要构成因素。所以，我们说品德是人的第一智慧。

智慧有大小，品德也有高下。德育或者说修养品德的全部目的是养成美德。美德的内涵很丰富，但并不难判断。常见的如善良、正直、忠诚、孝顺、礼让、诚信、礼貌、节制、勇敢、正义、慷慨、怜悯、仁慈、感恩、谦虚、宽容、真诚、勤奋、坚韧、积极、乐观、勤俭等。我们常说，成小事者可以凭小聪明，成大事者得有大智慧。而要有大智慧就少不了美德。鲁迅先生说："无穷的远方，无数的人们，都和我有关。"人不是孤立的存在，而成大事者无不需要聚众而为之。真正的领袖是具备美德的人，因此，凡成大事者一辈子不能停下修养品德的步伐。北洋奇人徐世昌说："凡建立功业，以立品德为始基。从来有学问而能担当大事业者，无不先从品行上立定脚跟。"司马光说："才者，德之资也；德者，才之帅也。……是故才德全尽谓之圣人，才德兼亡谓之愚人，德胜才谓之君子，才胜德谓之小人。"他还说："君子挟才以为善，小人挟才以为恶。"可见美德于人之重要。这个道理似乎没有必要再阐述下去。

人终归是"高级动物"，所以人的全面自由应建立在共同秩序和普遍道德之上。法律和道德都是用来规范人类社会基本秩序的。圣雄甘地曾深刻地揭示毁灭人类的七件事：没有原则的政治，没有牺牲的崇拜，没有人性的科学，没有道德的商业，没有是非的知识，没有良知的快乐，没有劳动的富裕。同学们仔细回味一下，原则、牺牲、人性、道德、是非、良知、劳动，哪一个没有超越单纯的智力教育？第二次世界大战后，一名纳粹集中营的幸存者，成为美国一所学校的校长。每当有新老师来，校长都会给老师一封信："亲爱的老师，我是集中营的生还者，我亲眼看到人类所不应该见到的情景：毒气室由学有专长的工程师建造，儿童由学识渊博的工程师毒死，妇女和幼儿被受过大学教育的人枪杀。看到这一切，我怀疑：教育究竟是为了什么？我的请求是：请你帮助学生成为具有人性的人。因为，只有在我们的孩子具有人性的情况下，读写算的能力才有价值。"这其中的道理，聪明的你们一定会明白。

这里我讲一个也许大家都知道的故事。100 多年前的某天下午，在英国一个乡村的田野里，一位贫困的农民正在劳作。忽然，他听到远处传来呼救的声音。原来，一名少年不幸落水了。农民奋不顾身地跳入水中救人，孩子得救了。后来才知道这被救的孩子是位贵族子弟。几天后，老贵族带着贵重的礼物登门致谢，却被农民拒绝了。在这位农民看来，当时救人是出于良心。老贵族因为敬佩农民的善良、高尚，感念他的恩德，决定资助农民的儿子到伦敦上大学。农民接受了这份馈赠。多年后，农民的儿子被英国皇家封爵授勋，并获得 1945 年诺贝尔奖。他就是青霉素的发明者亚历山大·弗莱明（Alexander Fleming）。那名贵族公子在二战中患了严重的肺炎，但幸运的是，他依靠青霉素很快就痊愈了。这名贵族公子就是英国首相丘吉尔。我无法知道这个故事的真实性，但我宁可相信它是真的，因为从这个故事中我们看到了善良、高尚、感恩、帮助等美好的人性。所以，我想对大家说：美德一定能开出最艳丽的花朵！它不仅可以助你成功，还会给你带来幸福！

最后，我还要重申：品德是人的第一智慧。希望你们一定记住！"无望其速成，无诱于势利"，能吃苦，肯吃亏，存善念，交好友，自强不息，止于至善，就一定能够做一个大写的、幸福的平凡人！

谢谢大家！

2019 年 6 月 10 日

我们如何走向未来

——2019 届初中毕业典礼致辞

尊敬的各位老师、各位家长代表，亲爱的同学们：

大家上午好！

我今天致辞的题目是"我们如何走向未来"。我们如何走向未来？在座的所有人包括我这个"长者"都可以作这样的追问，但因为这个典礼专属于在座的同学们，所以，我的这个问题是提给各位同学的。

未来很远吗？其实"未来"已来。从走进幼儿园算起，大家在校园里已经生活了 12 年。回首 12 年，似乎只是一瞬间。同学们想过没有，再过 12 年，二十七八岁之于大家意味着什么？我想那时几乎所有在座的同学都步入成家立业的艰难起步期，即使还在求学，也已经到了博士的毕业阶段。未来的 12 年同样也会是一瞬间。当那一天到来的时候，我们能否做到无悔？我希望每位同学都要深入地思考这个问题。12 年前的 6 月 20 日傍晚，我第一次踏上开发区的土地，来到这个当时叫寨山、今天叫厦大附中的地方，开始了创校的艰难历程。回首这 12 年，我觉得虽有遗憾但可谓无悔。我已经尽力了，重来一次也不过如此。我希望我的经历能给大家带来启发。

未来已来！也许就在一年前，你还设想着未来如何在附中度过令人难忘的高中生活，转眼间你就到了未来的门前。一个不得不接受的事实是，在座同学中的大多数今天真的是从附中毕业了，在附中学习的时光再也回不来了。当然，你们永远是"附中人"！然而，这些同学必须承认，过去的三年，我们没有把握住未来，留下了太多的遗憾。好在我们年轻，有的是未来。但我想提醒同学们，如果我们不竭力把握住当下，我们必将丧失下一个未来。

在回答"如何走向未来"这个问题之前，我们不妨先探讨一下我们生活在一个怎样的世界，我们如何与这个世界相处？我们没有时间长篇大论，只能点到即止。

首先我们要意识到，茫茫宇宙中有一个"你""我"绝对是个奇迹。科学家研究认为，宇宙大约形成于140亿年前，地球大约形成于46亿年前。然而，在茫无边际的宇宙中，至今我们仍无足够的证据表明还有另一个有生命迹象的星球存在。即使在生命勃发的地球上，我们每一个人的到来都是极其偶然的。所以，我们必须珍惜生命。今天在地球上生活着70亿人，有研究表明，仅就当下的生产力水平而言，地球可以养活150亿人。也就是说，我们完全没有必要担心活不下去。因此也可以说，从生物学的角度看，每个人都可以"苟活"。"天地生人，有一人应有一人之业"，故"人生在世，生一日当尽一日之勤"，则我们每个人都可以好好活在这个世界上。这便是我说的第一层意思：只要我们尊重生命，珍爱生命，生命就会放出光彩。生命就是光阴，珍爱生命就是要珍惜光阴，当然也要学会享受光阴。

老子《道德经》有云："天地不仁，以万物为刍狗。"对这句话，人们有不同理解。我赞成这样理解：天地并不施仁恩，只是让万物如刍狗那样走完自己由荣华到废弃的过程而已。从某种程度上就是说，人生在世靠天靠地都靠不住。其实，这句话的后面还有这句："圣人不仁，以百姓为刍狗。"说明靠人包括靠父母都是不行的。所以，教育家陶行知先生说："滴自己的汗，吃自己的饭，自己的事自己干。靠人、靠天、靠祖上，不算是好汉。"这是我对15岁的你们要说的第二层意思：你必须做到"自立"！我们都在为建设公平的世界而努力，但这个世界永远不会有绝对的公平。世界在，竞争就在。要在竞争中稍稍有点诗意地生存，你只能靠自己。如果离开附中后你就放弃学习、放弃努力、放弃奋斗，你是很难自立的。我希望你们终身努力学习，拥有与我们身处的这个世界友好相处的智慧和能力，这样你们就一定能做幸福的平凡人。

我们知道，几乎与所有的动物相比，人刚出生时是最"无能"的，只具有很微弱的吮吸能力。科学家研究认为，因为人体结构的限制，人无法在母体内长到成熟时再出生。为了物种延续，人的出生被大大提前了。这就注定了人一生下来就要开始学习，一辈子不能停止学习；很多动物出生后是不需要学习的。这是人与其他动物的重要区别。你不学习，你就不能成长。同时，人从出生的那一刻开始就离不开"人"，人需要被照顾，所以照顾他人是人的天职。只有人才能动地、周密地抚养与赡养，动物则无。故与人友好相处是我们要终身修习的课程。我想告诉大家，15岁的你，应该懂得照顾别人。更进一步说，为了生存，人必须劳动，而且要从事复杂的创造性的劳动，远不是单纯寻找食物和住处那么简单。劳动是人的本质属性，人的本质是在劳动中得以体现并发展的。劳动即成长。劳动不是为了别人，而是为了自己。假如失去了劳动，便失去了人存在的本质。劳动是一种幸福。所以我想说，人一辈子都要劳动，唯一理由就是因为我们活着。这是我要说的第三层意思：大家要做有责任感的人，做设身处地为别人着想的人，做对社会有贡献的人，做对别人有意义的人。意义，恰恰是生命的价值所在。

说到这里，我突然觉得我讲得有点深奥，但大概意思已经明了：我希望你们一生幸福快乐，但又非常遗憾地告诉你们，所有的幸福快乐都得靠你们自己去争取。这就是"道"——"正道""天道"。我们只有知"道"、明"道"、弘"道"，才能堂堂正正地走向未来。在日新月异的高度信息化、智能化时代，我们如何走向未来？我觉得需要有敬畏生命的天良、纯粹求知学习的乐趣、自立自强的奋斗、为他人牺牲的自觉。希望同学们从此刻做起！我对大家充满信心！

祝福同学们！谢谢！

2019 年 6 月 29 日

漫漫人生，愿你诗意栖居

——2020 届高中毕业典礼致辞

亲爱的各位同学，尊敬的各位同事：

大家上午好！

高考落幕的钟声奏响了别离的序曲，一种淡淡的忧伤弥漫在附中的夜空。

让我们将时钟拨回 2020 年 1 月 17 日。那天午后，各位同学开始了愉快的寒假。当大家跨出校门的那一刻，不会有人想到新学期的开学将延迟到 4 月 7 日，更不会有人想到高考会推迟一个月。这正诠释了自然的神秘不可测。

以《人类简史》一书而闻名的以色列青年学者尤瓦尔·赫拉利在他的另一部著作《未来简史》中有这样一段话："不管是 20 世纪的中国人、中世纪的印度人，还是古代的埃及人，都面临着同样的三大问题：饥荒、瘟疫和战争。它们永远都是人类的心头大患。一代又一代，人类向所有神明、天使和圣人祈祷膜拜，也发明了无数的工具、制度和社会系统，但仍然有数百万人死于饥饿、流行病和暴力。许多思想家和先知于是认为，饥荒、瘟疫和战争一定是上帝整个宇宙计划的一部分，抑或是由于人类天生的不完美，除非走到时间尽头，否则永远不可能摆脱。"我们一度甚至认为饥荒、瘟疫和战争已经不成问题，但这次疫情给我们上了重要的一课。

在这即将别离的特殊时刻，我想问大家：如果疫情成为常态，我们该怎么办？

几天前，我在食堂洗手池处见到七年级（1）班的王雨薇同学，一时间想不起来她叫什么名字了。我对她说："天天戴口罩，我觉得半年没见你了。我找你很久了。"她害羞地笑了。大家也许有所耳闻，我能记得很多同学的名字。并非我的记忆力好，而是一旦知道一个人的名字，我见一面就复习一次，所以忘不掉。可大家都戴一样的口罩，我就很难区别，毕竟人太多。虽也有例外，像高二（11）班的赵嘉欣，虽然戴着口罩，而且变了发型，居然还被我一眼认出，但那完全是灵机一动的结果。我曾无数次下决心开放校园，恢复活动，免戴口罩，但终因未能获得授权而作罢。有人说老子是最早的防疫专家，因为他说："邻国相望，鸡犬之声相闻，民至老死不相往来。"迄今为止，隔离仍然是防疫的最有效办法。但我想，如果我们从今往后，或者在很长一段时间内要成天戴着口罩，甚至连这样一场毕业盛典也不能举行，我们怎么办？

还有人说，你们这届注定不平凡，生于非典，考于新冠。你们觉得自己不平凡吗？我真诚地告诉你们，非典也罢，新冠也罢，没有对我们产生特别大的直接影响。我们就多了点测温、扫码、戴口罩。没有炮火，没有饿殍，没有饥馑，街衢车水马龙，高楼霓虹闪耀，校园鸟语花香，课堂欢声笑语……生活难道不平常？我们难道不平凡？我很负责任地告诉同学们，你们都是成人了，真正富有挑战性的人生帷幕也许从今天才算拉开，我们即将面对的困难一定会比疫情更真切、更具体、更棘手、更无可回避。我们怎么办？

我仍然要说：做幸福的平凡人！我今天讲话的中心意思就是：漫漫人生，愿你诗意栖居！

19 世纪德国诗人荷尔德林有一首短诗《人，诗意地栖居》。这首诗，与其说是对诗的贡献，毋宁说是对哲学思想的贡献。从 19 世纪初到 20

世纪中叶，战乱频仍的中国人，逃命已是不易，哪里可能诗意地栖居？然而，在内忧外患接踵而至、民族濒临危亡的 20 世纪 30 年代，沈从文用《边城》这类"牧歌式"的小说为我们描绘了他眼中的那个时代的生活图卷。在惨烈的抗日战争时期，孙犁却创作了小说《荷花淀》。在战火硝烟中，夫妻之情、家国之爱，纯美的人性、崇高的品格，像白洋淀盛开的荷花一样，美丽灿烂。八九十年后的今天，如果我们只看《边城》《荷花淀》一类的小说，一定会认为那个时代的中国人真够"诗意"的，连战争都是极为"浪漫"的。

在物质生活贫乏的年代，我的梦想就是有足够的鸡蛋羹吃。换句话说，如果有吃不完的鸡蛋羹，在当时的我看来就是诗意的生活。在物质生活极大丰富的今天，我们终于发现，物质条件的优劣并不能决定幸福与否。诗意是心灵的产物，心灵是诗意生长的大地。没有对自由心灵的追求，心灵被物欲包裹，即便食有鱼、出有车、居有华屋，诗意地栖居依然只是梦想。细想之下，还是觉得幼年时祖母煮一个鸡蛋，妈妈摘一颗草莓、买回一根油条，我端详半天，拿起放下几次再吃下去，似乎幸福的体验以及心灵的成长更清晰可感。每一个时代有每一个时代的问题，每一时代的人也会有每一个时代的人的幸福与痛苦。

就物质条件的总量而言，地球可以承载 150 亿人生活。也即从理论上讲，只要地球上生活的人口不超过 150 亿，人类是可以"诗意地栖居"的。但为什么我们现在就觉得已远离诗意的生活？因为人类太复杂，人的心灵太复杂。有人以来，我们就一直致力于从物质和精神两方面满足人的欲望，但很早就发现欲壑难填。虽然如此，人类仍然从继续丰富物质和平衡精神两个维度不断寻求健康发展之路。

我觉得，精神再造是诗意生活的根本途径，但这个问题太难。目前看，突破困境的路途遥无尽头。我们憧憬的共产主义社会，其实现的难点绝非物质层面，而在精神层面。各尽所能，按需分配，对精神要求的层次远高于物质。要全人类都尽所能，取所需，即便在君子国也不能够做到。何谓"所能"，何谓"所需"，仅从概念上就不易界定。既要保证人活着，又要让大家互不争利、和平相处，一代代智者绞尽脑汁，因此造就的学者不计其数。从理论的原创性的角度看，我们今天还没有超越孔子、苏格拉底、柏拉图的时代。换言之，就拥有精神世界的核心价值之多寡而言，我们与他们仍同处一个时代。老子推崇婴儿状，正反映出他对有效地治理社会的绝望。然而，让全人类保持婴儿状显然比实现共产主义还难。科学研究表明，生命基因得以延续的一个重要原因是无所不在的自私特性，所以单个生命体的利己行为几乎是与生俱来的。但假如所有生命个体都无所顾忌地相互倾轧，则这个种群会更快地灭绝。人是智慧生物，所以通过道德和法律的约束，催生必要的利他行为，有利于人这个种群的延续。然而，在生存环境危机四伏、人类社会生活秩序紊乱和价值观严重对抗的现代社会，道德和法律之网密布，诗意地栖居自然又远离我们而去。

人是自然的一部分，人当然无力对抗自然，但人能逐步认识自身、认识自然，因此能够有限地利用自然规律，有可能建立超越一般自然规律的理想社会。所以，无论自然之子之间、人与自然之间、人与人之间充满着多么激烈的生存竞争，正确的解决之道依然是不能放弃对精神世界的共同建构。只要有共同的精神追求，哪怕是只在精神大厦中拥有微不足道的一角可供安放自己的灵魂，不使自己迷失在单纯物质的追逐中，那么，稍稍有一点诗意地栖居是完全可能的。

世界何其美好！生命何其美好！各位同学虽不时"为赋新词强说愁"，但未至绝境哪里知道世界和生命的美好。

有一类患儿叫"PKU 儿童"。这里的 PKU 并非北京大学（Peking University）的简称，而是指苯丙酮尿症（Phenylketonuria）。PKU儿童，终生不能吃大米、面粉、肉类等含蛋白质的食物，否则就会变傻。造物主实在是太会捉弄人，没饭吃我们得死，有饭吃我们可能变傻。当我们被突然宣布终生不能吃含有蛋白质的食物时，脑海里的第一个想法也许就是"那还活着干吗"。然而,当这一刻真的来临时,我们还必须得接受,最主要的理由是"因为我们活着"。"活着"成了我们活下去的理由,"活着"成了人生艰难然而也要坚强地活下去的理由。生命的自由成长应当得到我们的尊重。我们要向善,要尊重自然,要敬畏生命。

陀思妥耶夫斯基《罪与罚》中的主人公拉斯柯尔尼科夫在杀人后有一段思想活动:"我是在哪儿看到过,一个被判处死刑的人,在临刑前一小时说过,或者是想过,如果他必须在高高的悬崖绝壁上活着,而且是在仅能立足的那么狭窄的一小块地方站着,——四周却是万丈深渊,一片汪洋,永久的黑暗,永久的孤独,永不停息的狂风暴雨,——而且要终生站在这块只有一俄尺见方,站一千年,永远站在那里,——他也宁愿这样活着,而不愿马上去死!只要能活着,活着,活着!不管怎样活着,——只要活着就好!……多么正确的真理!"拉斯柯尔尼科夫"在哪儿看到过"的这段话出自雨果的《巴黎圣母院》。杀人者在杀人的时候无不抱定"大不了一命抵一命"的想法,真的到了需要以命相抵的时候,没有人不流露出对生的留恋。不到此刻,不到活着面临困难的时候,我们很难理解艰难活下去的意义。

说到底,人非一般动物。人不仅要活着,而且还要有尊严地活着,为此宁可放弃眼前的诱惑。PKU儿童必须以巨大的毅力终生与"诱惑"斗争方可保证生命的质量。我们这些健康或基本健康的人,不仅要将同情、帮助和尊敬献给他们,更要热爱生命,珍惜生命,用人生的灿烂来做生命的礼赞。

六年前的这个季节,我在《福建教育》上发表了《稍有诗意地栖居,可以吗》一文,里面有这样的话:

我是理想主义者,有些想法甚至很幼稚,但我坚定地认为,校园应当是诗意的存在。即使暂时还不是,但我们要尽己所能,努力营造这种"诗意"的氛围。不管诗的内在特征是如何定义的,诗给人的外在感觉是愉悦，哪怕诗的情绪是悲伤的，而诗意则一概是美的。没有美便没有诗。所以，我所理解的诗意的校园就是充满着"美"和"好"的校园；我所理解的诗意地栖居就是能够暂时忘记无法改变的生存紧张。只要不奢求，诗意就在我们身边；只需要我们每个人付出一点点或与大家分享一点点美好，整个校园就会到处弥漫着大大的美好。

　　我特别期待每一天，哪怕是每一天的"边角时间"，在附中校园的某一处不为人注意的角落，还有人，特别是有老师和学生在一起，谈着或做着做题以外的事。做题、考大学固然重要，但做题不能是生活的全部，考大学更不是人生的全部。我的理想是希望我的同事和学生夜晚入眠前能够体会到一天的美好，能为某一点小事而有一时一丝的感动。这也许是幻想，但也并非绝无可能。

　　诗意生活是一种生活态度，与物质生活水平没有太直接的关系。没有乐器，可以有歌唱；没有剧院，可以有音乐、戏剧；没有标准田径场，可以有运动；没有咖啡座，照样可以促膝谈心；没有书籍，依然可以有故事；即使陷入生活绝境，只要心中有诗，则依然有爱的依恋……对于富有生活情趣的人来说，生活总是富有诗意的。那些心中无诗的人，往往将全部的精力投放到财富的积累上，期待有一天在成为财富的富翁后自然就升格为精神的富翁。其实，这是两码事。正因如此，我觉得老师一定要有生活激情，一定要做一个能够被感动的人。任何时候都不为所动的人，生活中是感觉不到诗意的。如果我们重视丰富自己的精神世界，懂得灵魂交流的重要和精神价值分享的意义，从小事做起，身体力行，就一定能够在平凡世界中诗意地栖居。

　　没有人可以消灭你心中的诗！无论何时何地，但凡想到你们，我便心中有诗。因此，我可以大胆地说，我们都可以诗意栖居！

　　祝你安好，常回母校！谢谢！

2020 年 7 月 9 日

当理想遥不可及时

——2020届初中毕业典礼致辞

亲爱的各位同学，尊敬的各位同事：

大家上午好！

首先我代表学校和各位老师热烈祝贺2020届初中586位同学完成九年义务教育顺利毕业！祝贺大家！

中考刚刚过去，有的同学欣喜地发现自己离理想又进了一步，也有的同学忧心地感到自己离既定理想又远了几步。我为进步的同学高兴，更愿意为暂时退步的同学鼓劲。在漫长的人生旅程中，我们更多的是要与自己比，只有不断战胜自己才能拥有更加辉煌的明天。作为老师，我们在为进步的同学继续加油的同时，更愿意为暂时落后的同学承担一分压力，帮助大家平安度过迷茫期。为每一个学生提供合适的成长平台是学校的责任，也是老师的责任。让我们共同努力！

刚刚过去的半年一定会令我们终生难忘。我相信大家都有一段非同寻常的成长经历，希望大家珍惜。同学们也许都听过这句话："哪有什么岁月静好，不过是有人替你负重前行！"我深以为是。疫情居家期间，老师们积极开展线上教学，所费精力巨大。复学之前，段长晓波老师就带着部分老师将学习资料分类打包，送到同学们居住的各个小区，供大家领取使用。复学后，老师们不仅一如既往地开展好午间督修，还针对今年的特殊情况增加了周六辅导。很多老师早晨 6:50 前就到班；有的老师怀有身孕，但不曾有一刻懈怠；有的老师体弱，却振作精神，从不叫苦；有的老师孩子小、家务重，却将最多的陪伴给了大家……不久前的一个早读，7:00 刚过，我在 3 班门口见到永生难忘的一幕：一位女生流鼻血，三位老师忙前忙后在照顾。这些是我看在眼里的，而我看在心里的更多。孩子们，我想对你们说，走出附中，再遇到这样的老师就要看你们的造化和运气了。近日高温，你们学得固然辛苦，但你们应该看到老师更辛苦。一节课下来浑身湿透，老师们何曾有半步退缩、半句怨言？大家再进一步想想，校园鸟语花香，课堂欢声笑语，所有的教职员工包括食堂、物业员工为此付出了多少？再放眼远眺，神州大地，没有炮火，没有饿殍，街衢车水马龙，高楼霓虹闪耀……真的是岁月静好，但这一切又饱含了多少人的心血？

鲁迅先生说："无穷的远方，无数的人们，都和我有关。"厦大附中学子当有国际视野、全球胸怀，更要有"一屋不扫，何以扫天下"的冷静和谦虚。罗曼·罗兰说："世上只有一种英雄主义，就是认清了生活真相后依然热爱生活。"所以我想对你们说：要学会欣赏身边的风景，学会爱身边的人。请记住那些为我们负重前行的人！如果这个都做不到，其他一切都是痴心妄想。当此别离之际，我还想问问大家，经此大疫，此时此刻，在这个重要的人生分水岭，我们还愿意谈理想吗？特别是那些既定理想有可能变得遥不可及的同学，我们还愿意谈新的远大理想吗？

事实上，相当多的人在漫长的人生历程中的大多数时段都不会有清晰而又远大的目标。因此，假如我们在其中的某一刻，突然感到人生目标有些模糊、理想似有若无甚至有些灰心时，也不必过于自责。其实，从小就有远大志向并一辈子坚持不懈地为之努力，最终如愿的人毕竟是少数。然而，多数人即使未进行过明确的人生规划，也很少有人完全没有人生目标。绝大多数人一辈子总有一个或几个梦想，对生活总有一些期待，对生之目的总有过一些思考，生活里总有一点奔头、一点追求……凡此种种，或主动或被动生成的人生方向，其实就是我们的理想。因此说，胸怀理想绝非高不可攀。

现在流行一种说法：我们已远离轰轰烈烈的"大时代"，抵达一个似乎缺乏时代主题的，琐碎、平庸、无趣、没有任何激情的"小时代"。所有的"大事"好像都被别人做完了，一切似乎都尘埃落定，我们一下子显得无所事事。我们要关心什么？还能做什么？感到很茫然！我们仿佛感受不到时代的呼吸和跳动的脉搏，突然有一种孤立无援的感觉，似乎被甩出了自己的时代。本应最富幻想的青春少年，现在居然只关心分数、名次、上名校、选择便于就业的专业、找舒服而报酬又高的工作、买房成家之类的事。16岁的人想60岁的事，缺乏激情，老气横秋。虽然每个时代都不乏这样的人，但假如现实世界都是这样的人，那将是非常可怕的世界。世界是我们大家的。树立崇高的理想，建设美好世界，既是利他，也是利己。所以，我们要有崇高的追求，要为实现梦想而不懈奋斗。

青少年时期是最富于梦想的时期。如果我们在人生的起点处就没了方向，生命的航船就失去了航向，人生就会大为失色。当然，少年梦想只是一个暂时还看不见的航标，它是力量源泉，是精神支柱，是一个警钟。有这个航标，人生就会自信、充实。童言无忌，当我们少不更事时，在大人的启发下，我们所发出的宏愿，往往是我们的兴趣所在，是自然的，是未经雕饰的。我们对自己的少年梦想缺乏理性的认识，因此并不需要担负契约责任。一个人，终其一生，大多难以避免理想破灭所带来的痛苦。对于青少年学生来说，这是绕不过去的坎坷。悲观地说，我们在成长的同时也在不断地接受打击，我们终归发现自己远不是最强大的人。山外有山，人外有人。但年轻就是本钱，青年人只有放弃，没有失败。

人不能一辈子都找不到方向，故有"三十而立，四十而不惑，五十而知天命"之说。对于大多数人来说，至少在30岁之前应当奋力打拼，进行更多的尝试，想自己所想、做自己想做的事。没有人能够随随便便成功，不尝试就没有可能成功。也许在未来的某一天，我们发现，因为个人能力或缺乏机会等原因，我们无法从事自己喜欢的职业，无法做自己喜欢做的事。在理想变得遥不可及时，我希望大家不要灰心丧气，要甘愿做自己能做到、能做好的事。审时度势，量力而行，做自己能做到、能做好的事，又何尝不是一种成功呢？我相信大家！

我一直认为合适的教育就是最好的教育，因此，在结束这次主题并不鲜明的致辞前再次祝福大家考上心仪的合适的学校。

谢谢大家！

2020 年 7 月 23 日

做一个高贵的人

——2021 届高中毕业典礼致辞

尊敬的各位同事，亲爱的同学们，各位与会的家长朋友们：

大家上午好！

此刻，我们在这里相聚，共同见证厦大附中高中 2021 届毕业生的毕业典礼。2021 届毕业生是我校高中的第十届毕业生，从时序上来说具有特别意义。从 2014 年开始举行毕业典礼以来，我已经在过去七年的 14 次毕业典礼上作了 13 次致辞。我还在自 2008 年学校正式开办以来的 13 个学年度的 26 个学期的开学典礼上作了 25 次致辞。就师生间的交流而言，从教育的覆盖面来说，这 38 次不重复的致辞已经将我要说的话都说完了。2019 年，我出版了自己的教育演讲录《让教育更加尊重生命——姚跃林教育演讲录》，全书 36 篇文章，其中收录了这 38 次演讲中的 21 篇演讲辞。每一次翻看，当年的场景总是历历在目。回想起那些灿烂的面庞，原本不打算再在附中的毕业典礼和开学典礼上致辞的我还是认真准备了今天的讲话。我今天讲话的题目是"做一个高贵的人"。

"高贵"一词在《现代汉语词典》中有三个义项：第一个是"达到高度道德水平的"，譬如"高贵品质"；第二个是"极为贵重"，譬如"服饰高贵"；第三个是"地位高、生活优越的"，譬如"高贵人物"。显然，我今天讲的是第一个义项，即做一个具有高贵品质的人，这是每一个平凡人都可以做到的。这与做幸福的平凡人不矛盾。我们可以平凡，但精神上、人格上、灵魂上不能丧失高贵。

我每次致辞的灵感和话题都源自你们。也许大家不信，每次毕业典礼致辞，我差不多都要用一年的时间准备。上一年的毕业典礼致辞结束后，我就开始想下一年要讲什么，最后会在很多预备的项中选一个。今天为什么要讲这个话题呢？大约在4月初，有位老师向我反映某个宿舍的同学之间的关系不和睦，甚至怀疑个别同学故意影响室友的休息和学习。之后的某一天早晨，我在走廊遇到这位老师找四位同学谈话，我猜想就是这个宿舍的四位同学。我有意插话说："同学一场就是缘分，要珍惜。集体生活要互相尊重、相互迁就。因拖沓、没有时间观念、安排不好自己的事而影响别人是个人习惯问题，如果故意影响别人那就是道德问题。"我接着扼要讲了著名翻译家傅雷先生夫妇生命最后时刻的故事。最后我说，我们终其一生也许都是极其平凡的人，但我们同样可以做精神上顶天立地的高贵的人。

著名作家梁晓声对"文化"的解释是："植根于内心的修养，无需提醒的自觉，以约束为前提的自由，为别人着想的善良。"这就是我说的"高贵"。

我知道舍友之间有矛盾绝非孤例，我早就想就这个问题和大家交流一次。所以，那个早晨的那一刻，我决定将在毕业典礼上，在你们告别附中的"最后一课"上，讲讲"做一个高贵的人"。两个月来，我每天都在心中数次默念"做一个高贵的人"。

什么叫精神上、品格上、灵魂上高贵的人？怎样才算高贵？为什么要做个高贵的人？我不想在这里用理性的话语大段地阐述。

我想，精神、品格、灵魂上高贵的人，除有傅雷先生那种宁死不屈的无畏精神和"为别人着想的善良"外，还应当舍生取义、临危不惧、大义凛然、视死如归，敢于为真理献身，勇于为国家赴难。

30 多年前，电视剧《秋白之死》中的一个镜头令我终生难忘。秋白即共产党的早期主要领导人瞿秋白。宪兵押解着临刑的瞿秋白行走在山林间，他是那样儒雅和从容，没有衣衫褴褛，没有遍体鳞伤，没有佩戴刑具，仿佛在庭院中踱步。走到一处，他停了下来，自言自语："此地甚好！"他便在那里牺牲在敌人的枪口下，年仅 36 岁。他牺牲在我们福建的长汀。那一刻，我不仅明白了什么是视死如归，甚至觉得为理想而死是何其美好！古往今来，为何志士仁人前仆后继？只有高尚的品德还不足以有那么大的力量，其心中必有重于生命的情怀和信仰。屈原在其绝命词《怀沙》的最后写道："知死不可让，愿勿爱兮。明告君子，吾将以为类兮。"何等坦然、自信！戊戌变法流产，谭嗣同完全有机会突围，但他决心以死来殉变法大业。他说："各国变法无不从流血而成，今日中国未闻有因变法而流血者，此国之所以不昌也。有之，请自嗣同始。"何其豪迈！荆轲、田光、樊於期设计刺秦王，明知无私利可图，却慷慨献出生命，是因为心中有重于生命的东西。瞿秋白们慷慨赴死的故事具有深刻的美学价值，会唤起人们为正义献身的冲动。为真理、正义、理想、信仰而死，在利己者看来自然是那样不可理解；即使懂得利他的必要，也未必能够如此决绝。"毫不利己，专门利人"，是人的精神追求进入审美层面才具有的境界。高贵者，君子品格重于生命。

　　精神上、品格上、灵魂上高贵的人还应当是助人为乐、德崇不骄、功高不傲、克己宽人、器量大、有格局、有胸怀。

　　精神上、品格上、灵魂上高贵的人还应当是谦谦君子，能够尊重对手、尊重规则，当让则让，当仁不让，重义轻利，勇担重责。

　　1135 年，英国国王亨利一世去世了，他的外甥斯蒂芬和外孙亨利二世都认为自己有权继承英国王位。斯蒂芬本身在英国，就捷足先登，抢先登上了王位；亨利二世在欧洲大陆，听到这个消息后愤愤不平，在欧洲大陆组织了一支雇佣军前来攻打斯蒂芬。然而，大兵千里迢迢开到英伦三岛时钱粮告罄。怎么办呢？这个时候亨利二世作出了一个意想不到的选择，给对手斯蒂芬写了封求援信，说我出征准备不周，没了粮草，您能不能给我点接济，让我把这些雇佣军遣散回欧洲大陆。斯蒂芬居然慷慨解囊，给了亨利二世一笔钱。可后来亨利二世竟然第二次发动了战争来争夺王位。

人家当初接济你，你现在又杀回来了，这在我们看来是忘恩负义。欧洲的贵族认为对手的宽容是理所应当的，该竞争的还是要接着竞争的。所以过了几年之后，亨利二世再次率领大军，卷土重来，打败了斯蒂芬。但结果却很有意思，他和斯蒂芬签订了一个条约，就是这王位还是由斯蒂芬来坐，但斯蒂芬百年之后，由亨利二世来继承。高贵者，自然是要生命不息，奋斗不止，要肯吃苦、肯吃亏，但不能太过于功利，冤冤相报何时了！我们要像斯蒂芬和亨利二世那样，做"破局者"，在高处获得自由。

高贵的灵魂是纯洁的灵魂。纯洁的灵魂是什么样子的呢？当然是怀瑾握瑜、厚德载物，还应当是忠心耿耿、冰清玉洁、光明磊落、高风亮节。

有这样一个温暖我很多年的故事。一天，一个盲人带着导盲犬过街，双双被一辆大卡车撞死。主人和狗一起到了天堂的门前，一个天使拦住他俩，为难地说："对不起，现在天堂只剩下一个名额，你们两个中必须有一个去地狱。"主人一听，连忙问："能不能让我来决定谁去天堂呢？"天使鄙夷地看了主人一眼说："很抱歉，先生，每一个灵魂都是平等的，你们要通过比赛决定由谁上天堂。"主人失望地问："哦，什么比赛呢？"天使说："这个比赛很简单，就是赛跑。从这里跑到天堂的大门，谁先到达目的地，谁就可以上天堂。不过，你也别担心，因为你已经死了，所以不再是瞎子，而且灵魂的速度跟肉体无关，越单纯善良的人速度越快。"主人想了想，同意了。

天使以为主人为了进天堂，会拼命往前奔，谁知道主人慢吞吞地往前走着。更令天使吃惊的是，那条导盲犬也没有奔跑，它配合着主人的步调在旁边慢慢跟着，一步都不肯离开主人。天使恍然大悟：原来，多年来这条导盲犬已经养成了习惯，永远跟着主人行动，在主人的前方守护着他。可恶的主人正是利用了这一点，他只要在天堂门口叫他的狗停下就可以了。天使看着这条忠心耿耿的狗，大声说："你已经为主人献出了生命，你快跑进天堂吧！"可是，无论是主人还是他的狗，都像是没有听到天使的话一样，仍然慢吞吞地往前走。果然，离终点还有几步的时候，主人发出一声口令，狗听话地坐下了。

这时，主人笑了，他扭过头对天使说："我终于把我的狗送到天堂了。"天使愣住了。主人留恋地看着自己的狗，又说："它陪伴了我那么多年，这是我第一次可以用自己的眼睛看着它，所以我忍不住想要慢慢地走，多看它一会儿。如果可以的话，我真希望永远看着它走下去。不过天堂到了，那才是它该去的地方，请你照顾好它。"说完这些话，主人向狗发出了前进的命令，就在狗到达终点的一刹那，主人像一片羽毛似的落向了地狱的方向。他的狗见了，急忙掉转头，追着主人狂奔。满心懊悔的天使张开翅膀追过去，想要抓住导盲犬，不过那是世界上最纯洁善良的灵魂，速度远比天堂所有的天使都快。所以导盲犬又跟主人在一起了，即使是在地狱，导盲犬也永远守护着它的主人。天使久久地站在那里，喃喃道："我一开始就错了，这两个灵魂是一体的，他们不能分开……"

所谓高贵者，就是用生命呵护美好人性的人。

想起这个故事，我就感受到人性的美好。我的体会是，无论身处何种境地，幸福总是源自"人性美"。只有不断地发现和奉献人性美，才会有源源不断的幸福！幸福存在于和谐的关系中，在人与自然、人与社会和人与人的关系中，也只有做一个精神上、品格上、灵魂上高贵的人，我们才能成为真正幸福的人。亲爱的同学们，一朝同学终身同学，一声"附中人"，一生附中人，我们要珍惜彼此遇见的美好。无论你们走到哪里，都要相信世界是美好的，相信人性是美好的，我们的生活也一定会因此更加美好。

最后，我还要重申那句话：做幸福的平凡人，但我又特别希望你同时是一个高贵的人。

谢谢大家！常回附中，附中是你们永远的家！

2021 年 6 月 10 日

在学校里我们能学到什么

——2021届初中毕业典礼致辞

尊敬的各位同事，亲爱的同学们：

大家上午好！

中考结束的铃声响起就意味着各位同学九年义务教育阶段的终结，一群15岁的少年将要开启新的人生旅程。不得不面对的一个事实是，在座的大多数同学真的是从附中毕业了。我相信同学们对附中的感情是真挚的，但我历来认为合适的教育才是最好的教育。普通高中教育是竞争更为激烈的教育，对知识和能力的基础有较高的要求。比起很多学校，附中的要求更高。2021年高考，我校首次实现100%本科达线，也就是说所有同学都可以进入本科高校深造。达到特殊类型招生录取控制分数线（相当于以往的本一线）的占83.52%，也就是说有将近84%的同学可以进入重点大学深造。陈炫齐同学以663分的优异成绩获得全市历史类第一名，被北京大学录取。正因如此，我能理解考入附中高中部是大家梦寐以求的升学目标。但我想说，万一失之交臂也不必垂头丧气。海滨学校各方面的条件并不逊色于附中，而且将来的学考、高考，海滨的学生都会到附中来参加考试，附中的老师会以同样的热忱迎接海滨学校的同学。今年，海滨学校首届高中毕业，全部是附中2018届的初中毕业生，他们在几次省、市质检中都取得不俗的成绩，在全市71所参评学校中名次比较靠前；高考本科达线率 63.31％，位居全市 20 名左右。附中与海滨，合作紧密，我个人觉得，选择海滨就等于选择附中。

在以选拔和淘汰为主要目的的教育评价中，不可能每个人都是"成功者"。记得 2010 年秋季开学后不久，我在首届"六年一贯制"班级的第一次学生家长会上说："你必须习惯自己的孩子是倒数第一！""六年一贯制"的同学小学阶段基本都是班级里的拔尖学生，但这些优秀学生集中到了一个班，就考试成绩而言，有人第一就有人倒数第一。有人说，一个人努力可以提高分数，所有人都努力就只能提高分数线。这个道理不难理解。所以，我想问，既然如此，我们为什么读书？在学校里我们能学到什么？我可以肯定地说，我们必须到学校读书，但不是为了名次，甚至不是成绩，而是获取知识、得到成长。所以，今天我要讲讲在学校里我们能学到什么。

著名数学家陈省身曾给中国科技大学少年班题词："不要考 100 分！"中国科技大学前校长、中国科学院院士朱清时理解陈先生这句话的含义是，少年班的学生做学问，要掌握精髓要义，不要为了考 100 分而在细枝末节上浪费时间。

花太多的精力追求满分、追求第一，甚至将满分、第一视作唯一目的，必然要进行大量的机械训练，于知识增长和能力提高并无直接帮助。然而，这种情况愈演愈烈。现在北大、清华在某些省份的理科录取线已经超过 710 分，得分率高达 95％，这就需要通过反复刷题来提高熟练度和精准度。为什么一些学习成绩顶尖的学生在考场上错一题就立刻崩溃，原因正是容不得有一点错，错一点就考不了这个分。一科压轴题没做出来就意味着与北大、清华无缘。总分 750 分考 710 分非常难，需要特别的训练，但考 710 分的学生的综合素养甚至就是某个学科素养也未必高于考 650 分的学生，情商和创造力更难说。

一个孩子是不是有出息，不能只看他小时候的学习成绩好坏。爱因斯坦小时候学习成绩不好，满脑子是"不切实际的幻想"。他说过："当一个人忘掉了他在学校接受的每一样东西，剩下来的才是教育。"对于教育而言，最该挖掘的应是"人"的发展最需要的东西：独立思考的习惯、良好的情感观、高尚的道德品质、优秀的心理承载能力、达观健康的生活态度和孜孜不倦的学习热情等。

这里我想讲一个发生在我们身边的故事。这是一个关于附中 2016 届毕业生叶智君校友的故事。

智君校友，2010 年考入附中首届"六年一贯制"实验班，2016 年高中毕业考入浙江海洋大学，现供职于北京字节跳动科技有限公司内容质量中心福州基地。字节跳动想必同学们都了解，就是经营今日头条和抖音的那家互联网大厂，入职门槛相当高。得知智君凭实力成功应聘，我非常高兴，让他写一篇对一路走来的感悟，他很快给我发来一篇 2500字的长文《你可以徘徊，但不能停下脚步》，写得非常好。我会让办公室里的老师发到学校公众号上，大家再仔细品读。

智君进入附中很快引起我的关注，原因正是考试成绩。初一第一次期中考试他就是倒数第一，其中英语考了 65.5 分，两个班的倒数第一。那次考试，他们两个班的英语平均分是 94 分（满分 100 分）。总分倒数第二的同学英语也是 91.5 分。期末考试时他的英语成绩只有 53 分，两个班唯一一个不及格。他说："初高中六年，我最好的成绩排名是'六年一贯制'两个班的倒数第五，而更多时候是倒数第一，常年'吊车尾'的成绩让老师们异常头疼，自己想想也唯有苦笑。""用尽浑身解数都无法拯救的英语成绩。"初中直升高中时，我曾劝他选择平行班，适当放慢节奏，回回炉，迎头赶上。当时有两位同学选择到平行班，但是他没有。这时我又鼓励他，虽然成绩殿后，但只要死死咬住，不仅仍然可以考上一个不错的大学，而且能练就强大的心理能力，而这种能力更重要。他说："正是这常年的英语不及格，我把心思都投入了语文中去，或者说，文学创作。""我不在意写作给我带来的既得利益，我更相信在漫漫时光之后，它能孕育出惊喜。它带给我的更多的是表达力，让我能够更好地表达自己。我们很多时候会追求可见的利益，或去在意付出后的回报，但实际上，放宽心态去想，看不到的回报才是惊喜。而生活需要惊喜。不要抱怨没有惊喜，只需要你花大把时间去孕育。"2016年高考，他考入位于浙江省舟山市的浙江海洋大学海洋渔业科学与技术专业，高考成绩仍然是两个班倒数第一，英语81分，还是不及格。

创作的激情延续到了大学。为了能够更好地表达自己，智君建立了个人的微信公众号，迄今为止在上面已经输出了数十万字。后加入了学院的学生组织，负责运营学院的微信公众号，在大二那年越级成为学生组织的负责人之一。大二下学期，智君加入了学校宣传部下的学生组织鸥讯社做学生工作，大三便成了鸥讯社的学生负责人。大四那年，因为专业，他跟船前往北太平洋进行了为期两个月的实习。船上没有网络信号，在那样一种近乎与世隔绝的环境下，他开始阅读新媒体相关的资料和学习相关的课程。

实习回来后，他便在老师的推荐下去舟山广电进行为期三个月的实习。智君说："就现在而言，大学的一切经历至关重要，但最重要的是一颗没有放弃的心。最大的打击来自择业，大学期间风生水起的自己在毕业时并没能如愿进入互联网公司。就像学不会英语我选择语文一样，进不了互联网我选择做自媒体。我开始在各个平台创作，带着自己的兴趣与热情，尝试做美食领域，偶尔还写点饮食文化相关的文章。"今年初，智君在网易号创作的文章获得了人生第一个"十万加"，这带给他很大的喜悦和鼓励。他想，去年没完成的梦想，一年后再冲冲看。也就是这一瞬的念头，促使他在深夜给字节跳动递交了简历，两天后进行两轮面试，六天后进行加面，第七天拿到了录用通知。智君感慨地说："我们可以徘徊，甚至说我们应该徘徊，驻足思考，过去，现在，未来，然后重新起航，只要坚定一个方向，那么，你也许会迟到，但你一定不会缺席。"

同学们，读书的态度就是做人做事的态度！为什么说读书很重要？并非因为什么名次、成绩，甚至也不是为了获得那点知识。信息时代，获取知识并不一定要到学校。那么，我们到学校能学什么？我觉得就是要养成一种"态度"。"态度"就是价值观。诚如智君所言，你可以徘徊，但一定不可以停下脚步，这就是正确的价值观。累了，可以歇歇，但歇歇是为了更好地跋涉。人生路漫漫，幸福第一桩，不要纠结于一时得失！永远不要放弃对幸福生活的追求，如此就一定能够拥有幸福人生！人生路漫漫，母校总相伴，母校期待分享你们的喜悦，也愿意与你们共担苦难，一路同行。

　　我的致辞到此结束。谢谢老师、同学们！

2021 年 6 月 29 日

做一个优秀且可爱的人

——2022届高中毕业典礼暨成人礼致辞

亲爱的同学们，尊敬的各位家长和各位同事：

大家上午好！

欢迎同学们重返校园。今天之后就是欢迎各位校友再回母校。6月5日晚8点，陈永民老师转给我一封家长写给学校的感谢信，我当即回复："代我谢谢家长对我们的信任！欢迎以后来附中做客！我也正在考虑是否经核酸检测后在10日上午请家长进校。"可以说，今年高考附中考点是全国最特殊的考点，为各级领导和社会各界所关注。考场一度由26个常规考场增加到38个考场，其中有10个隔离考场。在所有人的共同努力下，我们实现了疫情防控下高考组考零失误、高质量、强服务、有温度的目标，取得了另一场特殊考试的胜利。或许正是疫情的原因，才有今天这场附中史上规模最宏大的盛典，这也是附中史上第一场成人礼。

在去年的高中毕业典礼上，我作了"做一个高贵的人"的致辞，也就在那天我就准备好了今天要讲的主题。那天那刻，当我看到下面满眼青春可爱的笑脸时，便瞬间萌发了一个想法：附中学子应当成为优秀且可爱的人。毕业典礼结束后，我回到办公室就在电脑里建了"做一个优秀且可爱的人"的文件夹以收集相关资料。一年来，我还购买、阅读了很多相关图书。这一年里，我见到或想到你们便不时自言自语："做一个优秀且可爱的人！""做一个优秀且可爱的人"就是我今天致辞的主题。今天的致辞也许并不精彩，但我却是准备了385天。

厦大附中建校以来全部14个学年28个学期，我作了26次开学典礼致辞，在到今天为止的全部17个毕业典礼上，我作了16次致辞，也就是在全部45个开学和毕业典礼上我作了42次致辞。回顾这不同时段典礼上不同话题、不同主题的致辞，有一个词一直在重复，这就是"幸福"。从"做幸福的平凡人""人性美是创造幸福人生的动力""幸福是奋斗出来的""让更多的人因为你而幸福""用奋斗成就幸福的平凡人"这些标题直言幸福的致辞，到更多谈人生、谈做人、谈立志、谈理想、谈读书的演讲，无不围绕着幸福展开。"幸福是人类生命的目的"，教育如果不以"人"的幸福为旨归，不能让"人"更幸福，那我们何必要接受教育呢？当然，教育不可能让不懂幸福的人感受到幸福，故能够给人带来幸福的教育首先要教给人懂得幸福的生活态度，其次才是获得幸福的能力。这正是我不遗余力地倡导"幸福是教育的核心要义之一"的原因。

著名哲学家叔本华在其《人生的智慧》一书的开篇引言中引用18世纪法国剧作家尚福尔的话："幸福不是容易的事：很难求之于自身，但要想在别处得到则不可能。"强调"对于一个人的舒适、幸福而言，甚至他的整个生存方式而言，最重要的是这个人自身的内在素质"。叔本华说："一个人可能得到多少快乐，从一开始就已经由这个人的个性所决定了。一个人的精神能力的界限尤其决定性地限定了他领略高级快乐的能力。"他又说："对我们的生活幸福而言，我们的自身个性才是首要的和最重要的。"因此，所谓"幸福的能力"主要不是指营造身外环境的能力，更多的是指人性、人格内修的能力。正所谓性格决定命运。"做一个高贵的人"就是修炼"精神能力"，"做一个优秀且可爱的人"同样是修炼"精神能力"。"可爱"是获得幸福的一种重要能力。世界的本质是"关系"，而内在的"可爱"会改善外部的各类"关系"，增加人的幸福度。因此，做个优秀且可爱的人其实就是做个优秀且幸福的人。幸福比优秀更重要！

我这里不想从逻辑上对"优秀"和"可爱"下无懈可击的周密定义。就词法而言，"优秀"就是"非常好"的意思，譬如品行、学问、成绩等非常好，是个形容词；"可爱"也是个形容词，意思是令人喜爱，让人喜欢。显然，"优秀"和"可爱"是很难客观量化的，而"可爱"更带有主观色彩。由于"优秀"并非有特定指向的评价，所以，就学生而言，可以是德智体美劳全面发展的优秀，也可以是某一方面的优秀，还可以说某一学科或某一点上的优秀，故优秀其实是没有比例和数量限制的，因此每个人都可以在一个方面以至多个方面做到优秀。何谓"非常好"，可量化的成绩衡量起来比较容易，不可量化的品行甚至学问等就很难衡量。所以，形容人的"好""非常好"有很多的词句，我这里不想也无法一一列举，这个评判权属于每个人自己。因此，感到可爱或不可爱是因人而异的，但一定有"共识"，可以求同存异。

我们经常可以看到这样一种现象：某些知名学者，所谓的"牛人"，往往居高临下，盛气凌人，非常傲慢，和他交往你会有一种压迫感。这样的学者无疑是优秀的，但不是可爱的。有些特别出色的学者，心中只有学问，不识人间烟火，视一切人际关系乃至亲情都是累赘，以致人际关系紧张直至众叛亲离。这样的例子不胜枚举。处在这种境地中的人，无论多么优秀都很难有幸福可言。我绝不做这样的人，也不希望自己的孩子做这样的"优秀者"，自然也不希望你们成为这样的"优秀者"。我希望你们优秀且可爱，不希望你们牺牲可爱来维持优秀。那样，你们的幸福感将受损甚至失去幸福，我认为得不偿失。

为了阐述这个话题，我收集了很多资料，我不想在这个致辞中一一呈现。在此仅举一例以佐证我提出"做一个优秀且可爱的人"并非妄言。季羡林先生是我非常尊重的一位知名学者，他著作等身、成就非凡，但其父子交恶、13 年不来往、差点对簿公堂，以致谢世后还引发官司，令人唏嘘。为搞清原委，我一次性购买并阅读了《季羡林自传》《留德十年》《季羡林谈人生》《牛棚杂记》以及其子季承的《我和父亲季羡林》

等书。"父亲"是否可爱，子女具有不容剥夺的先天发言权，别人眼里的"父亲"再可爱，于"我"也没有意义。季承说："我一直不认识你们所说的'国学大师季羡林'，我只知道，在热热闹闹的学术追捧中，父亲的内心是冷的，是寂寞的。""只有不了解情况的人，才把父亲的家庭说成是美满的。"俗话说，清官难断家务事，季家父子的是非曲直不是我等外人能断清的。但有一点我可以肯定，季先生专心学问，对家庭和子女教育没有尽到更好的甚至应有的责任，他不是一位可爱的丈夫和可爱的父亲，和另一位大师丰子恺反差极大。叔本华认为，那些具有最高等的精神禀赋的"天才"，"他们的重心完全就在自身当中"。"这类极其稀罕的人物，就算有着最良好的性格脾性，也不会对朋友、家庭和集体表现出其他人都有的那种强烈的休戚与共的关切，因为他们只要拥有自身内在，尽管失去了其他一切也能得到安慰。"季先生大约就是这种人，叔本华也是这种孤独的"精神能力"强大的人。无独有偶，叔本华终身未娶，与其母亲的关系也非常紧张，甚至因此对女性充满莫名其妙的偏见。他们只关心学问，把妻子儿女都视作"麻烦"，哪里还会关心他人。"利己主义"有不同的表现形式，而"精致的利己主义者"不仅利己，还要穿上合理合法有时貌似也颇合情的外衣，故尤需提防。有事喊你来，无事呼你去，我想问，这种"精致的利己主义者"可爱吗？

2015年高考前夕，《观澜》报要出一期高考专刊，文学社同学约我写几句话，我写了一篇短文《走过夏天，你会更美丽》。文章开篇是这样的："每天我都要经过你们的窗口，每天都要与你们当中的很多人在校园里邂逅……当擦肩而过的那一刻，当映入我眼帘的是不够生动的面庞时，我总在心里默念，走过夏天，到了秋天，你一定会美丽！"为什么我很关注你们的面庞？因为所有的可爱或不可爱首先都"写"在这张生动抑或呆滞的面庞上。有不在少数的脸，虽然也很精致，但是不可爱，这令我深感遗憾。2019年高考前，王艺潼校友到我办公室，我送她一本书，未加思考便在扉页上写道："不是所有的优秀者都可爱，而艺潼是！"我是有感而写的。艺潼成绩优异，在激烈的升学竞争中压力之大是可以想见的。但在校园里，任何时候相遇，她都是一张灿烂的笑脸。看到这张脸，就会觉得我们的生活充满阳光。让我欣喜的是，在附中校园里，这样的笑脸远多于别处。有很多来宾参观后说，真的想来附中再做一回学生。我相信他们不是看中附中的升学质量，也不仅是被附中的校园环境所吸引，更主要的是受你们灿烂笑脸背后的生活态度所感。

作为毕业生代表，艺潼在 2019 届毕业典礼上致辞说："我很庆幸，附中是这样的一片净土。我们在这里享受属于我们的时光，看青春的幼苗在阳光下渐渐茁壮，张扬属于我们的色彩。我们也在这里翻动成长的书页，听回忆的飞鸟声声啁啾，唱出属于我们的诗篇。附中对于我们来说，它独一无二且不可替代。"心中有阳光，脸上才会有阳光，才能看到这世间的阳光，才能写出这样带着阳光味道的文字。前不久，艺潼给我发微信说："记得当时收到赠书的时候非常感动。如果说优秀是一个看起来有些冷冰冰的、结果导向型的词语，那么可爱一定是一个活生生的、过程导向型的词语。可爱的人一定是对世界心怀热忱的人——花花草草、阳光山水都值得感恩，近在眼前的、远在天边的人们都挂于心间。在大学里，我认识的人大抵都是优秀的，但可爱的人的确少。要当一个既想要攀登山峰，又要记得拾起路边的叶子看看纹路的人！"诚如艺潼所言，我希望你们做既心怀远方的山峰又能陶醉于手中落叶的幸福快乐的人。我曾经对许福临校友说："清华学生的胸襟应体现在自己不学就能得满分但还能由衷地尊重连抄都抄不会的'学渣'。你们应当发现、发明更好的算法，但不要将'算法'变成'算计'！"我的意思是，优秀的人要容忍别人不那么优秀。什么事都苛求别人的人是不可能可爱的。

当然，一般来说，在有成就的人身上能看到很多优秀的品质，但是并非优秀者都可爱，某些方面、某些时候甚至越优秀越不可爱，故很多优秀的人活得不幸福。优秀而可爱需要恒久的品格修炼，不是自然而成的。17 世纪法国古典作家拉罗什富科说过："很难在高度尊敬一个人的同时，又非常喜爱他。"这句话发人深省，其潜台词是，一个令人高度尊敬的人是不太可爱的。可爱不是成功，可爱不是聪明，可爱不是美丽，可爱不是天真……优秀而可爱的人，往往都有高贵的性情，他是能够理解人的，绝不要求你改变什么，他总是将别人放在心上，心有善念，口下有德，行为得体，处处考虑别人的感受，有一种刻在骨子里的善良和教养……总之，优秀而可爱的人，你会愿意与他共处。我由衷地祝愿、期待附中学子做一个优秀且可爱的人，这样你会更幸福的。

最后，我再次代表学校向你们和你们的家人表示歉意。意想不到的是，你们高中三年最后竟在疫情笼罩中完成了高考。从某种程度上说，你们的附中校园生活是不完整的，我深感遗憾。这里，我代表学校，给你们颁发一个特别通行证："我是 2022 届！"待疫情过后，你们凭"我是 2022 届"的口令即可和家人一起无障碍入校。欢迎同学们常回母校，欢迎各位家长朋友再来附中做客！

谢谢大家！

2022 年 6 月 29 日

认识你自己，成为你自己

——2022 届初中毕业典礼致辞

亲爱的同学们，尊敬的各位同事：

大家上午好！

今天，我们在这里举行 2022 届初中毕业典礼，共同见证你们初中毕业。从现在开始，在你们人生的路途上第一次出现了十字路口，你们将面临选择。选择是一种机会，也是一种权利，选择适合自己的教育则是一种智慧。在座的同学势必还要选择，也有能力选择高中阶段教育，但选择什么样的高中阶段教育需要结合自己的实际。我自然希望大家全部升入附中高中部，然而一个不得不面对的事实是，在座的大多数同学将要真正从附中毕业离开附中校园。但我觉得这不一定是坏事，适合的教育才是最好的教育。我希望全体同学能够理性地看待中考成绩和录取结果，选择最适合自己的高中阶段教育。

这么多年来，我有一个感觉，附中高中部学生当中，初中毕业于附中的学生出现问题的比例常常高于外校考进来的学生。分析原因，我觉得根子还是出在学习成绩上，出在信心不足上，或者说出在对学业成绩缺乏正确认识上。中考的全称为"初中学业水平考试"，按说整体难度不大，因此区分度相对较小，但实际上已经具备分层功能。换句话说，就整体而言，中考的差距就决定了高考的差距。对绝大多数人来说，高中三年学业成绩特别是成绩排名很难有翻天覆地的变化。中考成绩的 10 分差距，努力拼搏三年不一定能赶上，不拼搏不努力差距更大。为了让更多的附中、现在还有海滨学校的初中毕业生进入附中高中部学习，我们对区内学生是降分录取的。也就是说，高一新生中中考成绩排在后面的同学通常是本校、本区的学生。这些同学进入高中后，本有一种天然的优越感，觉得自己对这里的环境和文化都很熟悉，各种社团活动都能看到他们的身影，但心理优势没能转化为学习优势，几次考试下来就有了挥之不去的挫败感，信心受到打击。又由于高中学习内容的难度骤增，考试的难度更大，区分度更显著，不少同学既接受不了名次落后的现实，更接受不了分数的巨大差距。学习成绩提升无门带来的"绝望"会影响自己的人际交往，导致同学关系、亲子关系紧张，最终严重影响学习效率，损害身心健康。

我想给大家详细分析一下这个问题：我举高中 2021 级也就是现在高一年级的例子。中考总分 800 分，我校高一录取最高分 759 分，最低分 671 分，分差 88 分，总分最低分的同学所有学科都是及格的。我们来看看后面的变化。高一上学期期中考试最高分 938 分，最低分 585 分，分差 353 分，总分最低分的同学 9 门学科有 5 门不及格，最低学科只有 43 分。高一上学期期末考试最高分 915 分，最低分 573 分，分差 342 分，与期中考试相当，但最低分同学 9 门学科有 6 门不及格，最低分学科只有 31 分。这学期的期中考试最高分 931 分，最低分 519 分，分差 412 分，最低分同学 9 门学科有 6 门不及格，最低分学科只有 16 分。

这就是现实，但很多同学难以接受。这样的成绩有问题吗？这样的成绩分布有什么问题吗？其实都没有问题。以高考物理类为例，福建省 2021 年高考最高分 711 分，本科分数线 423 分，本科线分数占最高分的 59.49%。2021 年我校本科达线率为 100%，物理类最低分是 427 分、最高分 670 分（投档分 690 分），最低分是最高分的 63.73%，是最高投档分的61.88%。也就是说，你的考试成绩只要超过年段最高分的65%就一定能够考上本科。要知道，2021年高考物理类分数线530分，是我校最高投档分690分的76.81%。前面我说过，我校2021级高一录取最高分759分，最低分671分，最低分占最高分的88.41%。这个数字差说明，即使在高中学习退步，但只要你紧紧咬住，不要"溃败"，你仍然可以考上一本高校。如果有问题，问题出在哪里，我必须直言不讳地说："出在你自身！"

归结起来，我想说的是，对未来的高中生活要有理性的谋划和充分的思想准备，除非你中考出现不应有的失误，否则几乎没有可能在短时间内翻盘。我还可以告诉大家一个数据，高一中考成绩后50名的同学，高一至今七次考试的平均名次，有25人仍然在后50名，累计45人排在后100名。进步最大的同学前进了148名，排在年段224名，这还不含"六年一贯制"的83位同学。研究这个数据你会发现，只有承认现实，放下包袱，紧盯目标，集中精力，持之以恒，才能不断进步。必须在心中铲除"名次"这个魔鬼，你才能轻装上阵。要知道，你的基础不差，别人更好；你还有潜力，别人潜力无限；你拼，别人更拼；你德智体美劳全面发展，别人琴棋书画吹拉弹唱无所不能……怎么办？我无法在这里长篇大论地讨论这个问题，我只想告诉你，你就是你，你要接纳自己。多想知识上的差距，少想分数上的差距，不想名次上的差距。你可以是第一，倒数的，但没关系，你的分数只要不少于同学中最高分的77%，你仍然可以上一本高校，只要不少于同学中最高分的65%，你就一定能上本科高校。我可以负责任地告诉你们，这个你们是能做到的！想清楚这个问题你就能彻底释然。我罗列这么多数字，无非想告诉你们，今天的你就是最好的你；而未来的你，一定是更好的你！放下包袱拼搏，你或许真的越来越优秀。

希腊德尔菲的阿波罗神庙石柱上刻有一句箴言"认识你自己"，据说是苏格拉底说的。这句话告诫世人，要认识人的本质，认识自己的特性和真正价值，增强做人的信心。人和自己过不去往往源自"不认识自己"。你两岁的时候会数数，你爸妈就开始幻想你将来成为数学家；你三岁的时候会背几首古诗，你爸妈又开始幻想你将来成为诗人；你四岁会唱歌、跳舞、画小人，这时你自己也开始以为将来要成为歌唱家、舞蹈家、画家……后来你发现自己与这些"家"越来越远。非但如此，你原来以为自己有点特长，结果发现一无所长。此时，最要紧的是认识你自己。接下来你要坚定信心，成为你自己，为自己而活，做最好的自己！你之前所做的无所谓对错，无论现在有用无用，从某种程度上说是你应当经历的，你完全不必后悔。曾经的快乐就是最真实的肯定和最有力的证明。杨绛先生说："人生一世，无非是认识自己，洗练自己，自觉自愿地改造自己。"这个世界上，每个人都有自己擅长的和不擅长的事。只有足够了解自己，才能不受外物羁绊，选择最适合的道路，心无旁骛地走下去。一个人最重要的觉悟，就是认识自己的能力和价值所在。当你能找对定位，认准方向，你的人生自然能拾级而上，越走越高，你将变成更好的自己，你想要的生活才会奔你而来。

德国哲学家尼采的《作为教育家的叔本华》开篇第一章的标题就是"成为你自己"。他说："每个人都是一个一次性的奇迹，应当听从良知的呼唤'成为你自己'！懒惰和怯懦是使人不能成为自己的主要原因。我们必须自己负起对自己人生的责任。"他还说："其实每个人心里都明白，作为一个独一无二的事物，他在世上只存在一次，不会再有这样的巧合，能把如此纷繁的元素又凑到一起，组合成一个像他现在所是的个体。"也就是说，你爸妈再生一百个孩子也生不出另外一个和你一样的孩子。所以，我们要珍惜生命，要做那些自己真正喜欢、真正能做的事，要用一辈子的追寻活出生命的意义。

说到这里，我突然觉得这个致辞不像毕业典礼致辞，倒像是开学典礼致辞。我想，这未尝不可，因为再过两个月，你们都要进入更高一级的学校继续学习。在开启人生新的征程的时候，我希望你们记住并努力实践这句话：认识你自己，成为你自己，进而做最好的自己！这是我给即将上高中的你们的郑重建议。愿你们学业进步，和谐发展，身心健康，永远幸福快乐！我的致辞到此结束。

　　谢谢大家！

2022 年 6 月 30 日

告别附中，我们应该带走什么

——2023届高中毕业典礼致辞

亲爱的同学们，尊敬的各位家长朋友、各位同事：

大家上午好！

这是一个令我们期待已久的庆典——厦大附中2023届、高中第12届学生毕业典礼暨成人礼正在举行。我们欢聚一堂，共同见证一群纯白少年高中毕业长大成人。这也是我们大家共同的节日，我提议，我们再次用掌声向他们也向我们致以热烈的祝贺！

在座的同学有2017年9月进入附中的，也有2020年9月进入附中的。现场听到我在开学典礼和毕业典礼上致辞最多的有13次，2020年9月高中考入附中的最多也听过6次。我想调查一下，有没有同学能说出有印象的一两次。不一定要说出致辞的题目，也不一定要说出哪一年，这些记不住很正常，你就说个大概，说对了有奖励。

说不出来很正常，我自己也记不住。我相信，我反复说的那些话在一定程度上会以你们自己独特的方式记在心里，有些已经融入血液，成为我们共同的价值观。

下面我要再问一个问题：告别附中，我们应该带走什么？或者说最应该带走的是什么？这是我今天致辞的主题，也是今天致辞的题目——"告别附中，我们应该带走什么"。这个问题我不时拿来拷问自己，我有自己的答案。我已从教 39 年整，做校长已有 27 年，从走上讲台那天开始就问自己：我要交（教）给学生什么？感谢附中，感谢大家，让我有机会用自己的实践来回答这个问题。当然，这个问题没有标准答案。

2022 年 12 月 14 日，附中建校 15 周年纪念日，那天早晨 6∶42，学校公众号推出了我的文章《厦大附中：不仅是一所学校，更是一种人生态度，一种生活方式——写给厦大附中 15 岁生日的"万言书"》。这封"万言书"被众多校友广泛转发并留言，这里选三位校友留言摘录如下：

2020 届毕业生李锐进校友说："是的！厦大附中不仅是一所学校，更是一种人生态度，一种生活方式！我的价值观、世界观、人生观在附中的三年里完成了塑造，如果有人觉得我是一个有趣的人，或者一个不错的人，有附中很大一部分的功劳。她教会我太多了……"

2018 届毕业生黄晨曦校友说："在最单纯的年纪里，在面朝大海的'理想国'里，我们学做'优秀且可爱的人'，做'幸福的平凡人'。履历和成绩都会随着学生时代的结束一同远去，但健康的人格不会，底气和自信不会。"

2021 届毕业生方堃校友说："被真诚地呵护过就知道，一所学校想要对学生好，可以好到随便提一件小事都会引来一阵惊呼的程度。她好得那么主观，我没有那么多值得被记录下来的故事，却也在平平凡凡的每一天感受爱与学会爱。她又好得那么客观，成为一个标准，让我忍不住同大学的种种作对比，知道表面功夫和把学生当宗旨是两回事，并坚信自己要成为一个真善的人。每个人或许都爱自己的母校，但附中人恋家，这是多么温暖的信念。"

所以，我认为我们首先应该带走的最重要的就是这种人生态度和生活方式。我无须在此赘述，此前大家已听过多次，此后也还可以找到这封"万言书"，聪明的你们一定能看懂。诚如 2018 届毕业生游震邦校友说的："我非常认同一点，就是附中给我最大的影响，一定不是学到了什么知识，而是一种生活方式。深挖下去，我觉得附中最独特的，可能不是给我带来了什么，而恰恰是没有给我带来什么。因为这里很干净，人性中和生活中的美好，会在日后不断以一种润物细无声的方式展现出来。"他还说："我现在能获得比较安宁的心境，和我在附中六年没有得到那些不良的东西有非常直接的关系。这使我处事更加顺应自然，而不是想方设法胜过别人，也更不会对眼前的蝇头小利孜孜以求。附中并没有定义什么。附中在我看来，不会定义'我们培养出的学生一定要怎么怎么样'，而是敞开双臂，拥抱每一个学生，迎接每一种可能性。不做什么，很多时候比做了什么，更加重要。而这些在附中没有得到的东西，恰恰在日后，以一种难以察觉的方式，影响我的一言一行。我非常希望表达出一点——附中给我日后的影响，远超我的想象（大概也远超各位老师的想象吧）。我们可以从附中毕业，但是却难以从附中给我们的人生课程中毕业。"

当然，作为学校，作为一所质量出众的学校，激发学生的求知欲，培养学生自主获取知识、运用知识的能力，是它的基本职责。换言之，旺盛而持久的求知欲和自主获取知识、运用知识的能力也是学生应当带走的。

人生态度和生活方式已经足够重要和具体，但对于很多人来说还是过于哲学化，所以我还想啰唆的是，在这种人生态度和生活方式之下，还有哪些可感可见的我们应该带走？我和一部分校友进行了讨论，他们是这样告诉我的：

- 如果要我来说附中对我最重要的影响是什么，或许是对"唯分数论"的极度淡化，对学生素质多元化发展的极度支持。附中并不仅仅只是一所学校，它更像一个开放、多元的社区，也许就是一种非常美好的，也是非常理想的、未来的社区对青少年的支持与发展所应该有的样子。

- 我觉得附中带给我最大的影响是让我拥有了自信。"学习很重要，但并非唯一重要"的道理是附中让我明白的。附中教会我，人生不是只有一种可能。

● "一种包容的处世态度"，包容和自己不一样的人。附中就像我的家一样，它带给我最大的感受是亲近，是团结，是幸福，是无忧无虑，是无法忘怀。

● 附中从没有告诉我们更努力一点去成为人上人，而是教我们幸福，教我们如何尊重每个人。不仅告诉我们怎样幸福，还告诉我们怎样带给别人幸福。

● 一想起附中，最直接的感受就是温馨，而且带有很强的画面感。在附中，能时时刻刻感受到"爱与被爱"。附中对我影响最大的是教育我要始终保持一颗善良的心。附中不是将学生培养成只会考试的高考机器，附中的教育培养的是具有健全人格和良好道德修养的人。

● 附中是有灵魂的、有血有肉的、有充沛情感的天地。附中给了每一个学生自由发展的机会与权利。我跟朋友说："你现在看到的我的样子，你现在所能感受到的我的精神品质，都能从我以前的附中生活中找到影子。"

● 我对附中生活最大的印象就是受到尊重和关爱，并体会到由此而生的自由。附中不仅仅尊重学生的个性，还对此赋予足够的信任。尊重所有的差异和理想主义。这种尊重让我一直葆有拒绝随波逐流、为纯粹的快乐欢呼的激情和勇气，并在努力成为那种会从礁石上跳进海里的人。

● 附中重构我们对真善美的信任与向往，是一个相对平等、宽松、自由的地方，是讲理的，师生关系是友好而对等的。附中教人拥有"有趣的灵魂"，同学们都可以凭借自己有趣的灵魂而站在舞台中央，成为"立体"的人。

● 为不同师生，为食堂和物业的叔叔阿姨，为花草虫鱼，为小蝌蚪与小松鼠，提供一个互相尊重、万物之间更容易接近的环境，是附中作为一个充满理想主义气息的校园，最让我欣慰的地方。

● 我们的厦大附中真正做到了把人当人，所以从这里出去的人比其他很多人更像自然的人。我们在这里真的得到了同龄人在学校里得不到的东西，我们在自由中养成了自律。附中在应试的夹缝里给我们塞满了温暖，在他人因为这些缝隙东倒西歪、摇摇欲坠的时候，我们挺立且自然。

……

留言还有很多。我收到了三万多字的留言，只能分享点滴。

2021届陈奇桢校友是一位师范生，未来是我的同行。她说："其实于我而言，对我教育观念影响最大的不是（大学）这两年来的理论学习，而是在附中生活了三年的所思所感，附中如何教我，影响了我将来如何去'教别人'，她是我最初的'教育学院'，我从附中带走了一些教育理念，我心中已有一个如何当一名好教师的雏形。"

2019届谢宇翔校友说："附中让我感受到我的幸运。为了珍惜这份幸运，我应该成为一个有价值的人，生活有方向的人，上进的人。但附中也给我留下遗憾。之所以留下遗憾，是老天要我走得更远，到更广阔的天地去弥补缺憾。附中的故事看似不多，一本小小的史册，可是它的评论能写满一大本。附中经历真的是常看常新！"

当我看到震邦校友写的关于附中的近五千言文字，看到宇翔校友写的六七万字的附中回忆录，欣慰之余，我相信了附中对于你们成长的意义。坦率地说，我们对附中的感情不可能都是赞美诗，也许还有很多批评或建言，而这些都是真情。无感、无语、无视才是最大的无情。希望同学永远关心、关注母校！

三年前的9月1日，在你们进入附中高中部的第一次开学典礼上，我作了《附中因何而美丽》的致辞，我说道："没有任何力量可以毁灭附中的美！一切可以被损坏的美都只是附中的表象美，而附中最本质而永恒的美——人性美——老师爱学生、学生敬老师这种人间大美，是任何强大的台风也毁灭不了的。"还说道："附中因何而美丽？因为它是我们所有'附中人'的家。因为我们是带着感情生活在这个家里的，我们朝夕相处，共同沐浴在这片阳光中，耕耘在这片星光下，奔波在这片森林里，收获在这片土地上。那些倒下的树都已被我们扶起，而那些被砍削的树枝很快就会吐绿。我坚信，因为我们，因为所有的'附中人'，因为所有关心、帮助附中的人，附中的明天一定更美丽！"

最后，我还有三点提醒。其一，人不可能不犯错误，而犯错后唯一正确的做法是立即认错纠错。其二，孔子说："己所不欲，勿施于人。"我想说，己所欲也不要强加于人。严于律己，宽以待人。不为难他人是重要的修养。其三，我希望你们人格独立，保持天性，勇于表达，勇于捍卫自己的权利，这一点尤为重要。

谢谢大家三到六年的陪伴！我会永远挂念你们！母校会永远挂念你们！厦大附中始终将学生放在学校的中央、教育的中央，努力办所有学生永远喜欢的学校。学校决定将建校以来所有在附中工作和学习过的师生的姓名陈列在艺术馆，希望你们常回来看看。欢迎你们常回母校品尝"附中味道"，重温"附中故事"。最后，还要谢谢各位家长，谢谢各位同事！

纯白少年，我爱你们！
再次谢谢大家！

2023 年 6 月 10 日

假如输在起跑线上

——2023 届初中毕业典礼致辞

亲爱的各位同学，尊敬的家长代表及各位同事：

大家上午好！今天，我们在这里举行 2023 届初中毕业典礼，共同见证你们初中毕业。我提议，我们用热烈的掌声对各位同学表达最诚挚的祝贺！预祝大家中考取得优异成绩！

初中毕业意味着你们来到人生的第一个十字路口，你们将面临人生第一次真正意义上的重要选择。选择是一种机会，也是一种权利，而选择适合自己的教育更是一种智慧。在座的同学势必还要选择，也有能力选择高中阶段的教育，但选择什么样的高中阶段的教育需要结合自己的实际。我相信附中高中部是在座同学的第一选择，我自然也希望大家全部升入附中高中部，然而一个不得不面对的事实是，在座的大多数同学将要真正从附中毕业离开附中校园。我觉得这未必是坏事，适合的教育才是最好的教育。我希望全体同学能够理性地看待中考成绩和录取结果，开开心心地选择最适合自己的高中阶段教育。

表面上看，附中高中录取的比例是人为制定的，但实际上这样的比例设计是为了营造更合适的高中教育环境。单从中考成绩看，初中毕业的时候，同学们之间的文化课学业成绩已存在巨大差距，某种程度而言已不宜在同一个班级接受同一种课堂教学以有效应对高考。去年（2022

届）中考，我校 96.1% 的同学达线，其中 94.1% 的同学普高达线，远远超过全市 53% 的普高达线率，中考成绩在全市名列前茅。虽然整体成绩出类拔萃，但最高分 755 分，最低分只有 249 分，分差巨大。2022 年，我校高中部面向开发区的招生计划为 200 人，我校 149 人被录取。第 1 名总分 755 分，第 149 名的总分为 693 分，与第 1 名相差 62 分。中考成绩的 10 分差距，努力拼搏三年不一定能赶上，不拼搏、不努力差距更大。

这么多年来，我有一个感觉，附中高中部学生当中，初中毕业于区内的学生出现问题的比例常常高于区外考进来的学生。分析原因，我觉得根子还是出在学习成绩上，出在信心不足上，或者说出在对学业成绩缺乏正确认识上。中考的全称为"初中学业水平考试"，按说整体难度不大，因此区分度相对较小，但实际上已经具备分层功能。换句话说，就整体而言，中考的差距就决定了高考的差距。对绝大多数人来说，高中三年的学业成绩特别是成绩排名很难有翻天覆地的变化。我在去年的初中毕业典礼上作了《认识你自己，成为你自己》的致辞，用了大量的数据对这个问题进行了比较深入的阐述。其中，我对高中 2021 级也就是现在高二即将上高三的 2024 届学生的高一成绩进行了分析：高一中考成绩后 50 名同学，高一七次考试的平均名次，有 25 人仍然在后 50 名，累计 45 人排在后 100 名。进步最大的同学前进了 148 名，排在年段 224 名，这还不含"六年一贯制"的 83 位同学。由于我们对区内学生采取的是定向降分录取，所以排名靠后的主要是这些同学。研究这个数据你会发现，只有承认现实，放下包袱，紧盯目标，集中精力，持之以恒，才能不断进步。必须在心中铲除"名次"这个魔鬼，你才能轻装上阵。

说了这么多无非要表达这两层意思：一是你们当中的大多数同学高中必定要选择附中以外的其他学校，这是无法改变的事实；二是这也许恰恰是最好的选择，因为合适的教育才是最好的教育。当然，班级授课制的现代学校教育，不会有适合所有人的统一的教育模式，所以，我们每个人都要摸索出适合自己的学习方法。因此说，考上附中不等于必然成功，没考上附中更不等于一定失败。

有一句话在座的同学想必都听说过，这就是"不要让孩子输在起跑线上"。尽管几乎所有人都可以轻而易举地证明人生就是赛场，但我仍要固执地认为，理想的人生不应当是赛场，所以我提倡要让教育稍稍有点诗意，勉励学生做幸福的平凡人。我这里不想讨论人生是否如赛场，这与一个人的生活态度有关。你认为是赛场，它就是赛场，反之亦然。人生百态，要让所有人用一个态度面对人生，这是徒劳的。物竞天择，适者生存，人类是自然进化中的王者，因此可以说竞争是人之天性，人类是大自然这个竞赛场中的胜者，故攀比是人之天性。所以，尽管我不认为人生是赛场，而理想的人生更不应是赛场，但我不想说服任何人。所以，我想问的是，假如人生如赛场，它是百米赛，还是万米赛，抑或是马拉松？人生到底有没有起跑线？假如有，起跑线在哪里？和谁赛？这就是我今天致辞的主题：假如输在起跑线上。我想和同学们探讨这个问题。

目前，百米跑的世界纪录是 9.58 秒，万米跑的世界纪录是 26 分 11 秒；马拉松全程 42.195 公里，世界纪录是 2 小时 01 分 09 秒。中国人的平均寿命是 77 岁，相当于 60 多万个马拉松最好成绩的时间总和。毫无疑问，人生不是马拉松比赛，更不是百米赛。如果说起跑状态之于百米赛很重要，万米跑就已经没那么重要了，而对于马拉松比赛，起跑状态完全可以忽略不计。没有一位马拉松选手会说"输在起跑线上"，何况人生不是一个马拉松，而是无数个马拉松。显然，对于人生这场充满无穷变量的"超长马拉松"，"起跑线"的影响不是决定性的。"不要让孩子输在起跑线上"这个"鸡娃"的理由，有一天可能会演变为孩子寻求自我躺平的挡箭牌。

为公平起见，无论是百米赛还是马拉松，都要有起跑线。百米起跑线上往往硝烟弥漫，充满火药味儿，经常有选手因为抢跑犯规直接被罚出局，但马拉松起跑线上不会剑拔弩张，选手不可能站在一条线上，也不会锱铢必较。对于"超长马拉松"的漫漫人生，我们的起跑线在哪里？人生有起跑线吗？为了不让孩子输在起跑线上，我们将知识和技能教育的起点一再提前，甚至提前到胎教。

　　什么是人生的起跑线？大多数语境下就是指大学之前的教育，特别是基础教育阶段。"不要让孩子输在起跑线上"的理论暗示了超前教育的重要，某种程度上就是抢跑，于是派生出幼儿园小学化、小学中学化的教育现象，目的就是考上理想的大学，所以中小学学生的课业负担越来越重。"早教"有用吗？心理学家格塞尔认为，儿童的智力正如体力一样是按照一定的有规律的方式发展的。他有一个著名的"幼儿爬楼梯"实验：他对同龄幼儿中的一部分提前进行爬楼梯的训练，结果表明，接受训练的这部分孩子确实表现出比那些没有接受过训练的孩子更早具备爬楼梯的技能，但等到我们认为一般孩子应该会爬楼梯的年龄，那些未接受过训练的孩子无师自通地学会了爬楼梯。提前进行爬楼梯的训练有没有用呢？从长远看，显然毫无用处。"早教"是否有用与我们的教育观有关。就知识和能力的学习和掌握本身而言，从长远看，人为设置教育的起跑线并且将这个起跑线越来越往前推，既不科学更不人道。所以，我不认为人生有所谓的起跑线，如果一定要说有，我觉得每时每刻都是起跑线，关键是你跑了没有。你跑起来的那个地方就是起跑线！

　　如果说初中毕业是你的起跑线，那么，单纯从中考成绩看，别人考755分，你考249分，你肯定是输了。进一步说，相比考上附中的同学来说，没考上的当然也就输了。这就是以分数论英雄的结论。所以我要和你们讨论，假如输在中考、输在高中录取的"起跑线"上，你应当怎么办？其实答案再清楚不过，你唯一要做的、唯一能做的就是以此为新的起跑线继续奔跑。因为中考远不是终点，如果说你已经输在起跑线上，你还有足够的机会赢在终点线上。何况，人生如果不是赛场，你面临的所谓输赢就是虚构的，人生幸福与否与此并不相关。进一步说，如果你将在人生旅途上的奔波看作自我竞争，是自己和自己比赛，那么，只要一直往前走，你就永远不会输，如果一定要和他人比的话，甚至会后来居上。

这样的例子举不胜举，我无须赘述。我们身边也有很多这样的例子。我校刘曦东副校长高考三次失利后考上大专，专科毕业后外出打工，做过商场营业员，最终经过不懈努力，先后获得硕士、博士学位，终成厦门大学教授、博士生导师。德育处李志源主任、教研室邱云主任，当年高考都只考上专科，但他们不断进取，不仅学历不断提高，还分别成为附中第一个、第二个正高级教师。透过这三位老师的经历，我想问，人生是百米赛，还是万米赛，抑或是马拉松？人生到底有没有起跑线？假如有，起跑线在哪里？和谁赛？假如输在起跑线上，我们怎么办？我想答案不言自明。人与人之间最小的差距是智力，最大的差距是坚持。坚持到底就无所谓起跑线上的输赢！所以，最后我想说，假如你输在起跑线上，但只要你胸怀理想，努力拼搏，你一定能赢在终点线上！

（播放录音："亲爱的老师、同学们，大家好，一天的课程结束啦，老师、同学们辛苦了。请同学们整理好课桌和教室，关好门窗、电灯和电器开关，尽快离开教室。回家的同学路上要遵守交通规则，注意安全，不横穿马路，不并排骑自行车，不要载人，不要在校外逗留，祝同学们一路顺利。"）

多么熟悉的声音！亲爱的老师、同学们，大家好，三年的课程结束啦，老师、同学们辛苦了！人生的路上，同学们要遵守"交通规则"，注意安全！祝同学们一路平安、快乐幸福！

谢谢大家！·

2023 年 6 月 30 日

下编 做一个『幸福的平凡人』

认识文化的魅力

——在首届校园文化月开幕式上的讲话

　　今天是我校"三个一工程"·首届"校园文化月"开幕暨 2011 年秋季田径运动会举行的日子。首先，我要解释一下"三个一工程"的概念。"三个一"是哪三个"一"呢？即一校一特色（当然，可以不止一个特色），一生一特长（自然特长多多益善），一个不能少。这是从我国台湾引进来的概念。可以将其理解为面向全体学生，创建有特色的学校，实现学生全面而有个性的发展目标。"三个一工程"是市教育局确立的一个工作目标，与我校的办学理念非常吻合，我这里不作更多的阐述。下面，我想在文化月的开幕式上谈谈如何认识文化的魅力。

　　文化是一个非常广泛的概念，给它下一个严格和精确的定义是一件非常困难的事情。据统计，有关"文化"的各种定义至少有 200 种。文化是人的人格及其生态的状况反映。广义的文化是人类创造出来的所有物质和精神财富的总和，其中既包括世界观、人生观、价值观等具有意识形态性质的部分，也包括自然科学和技术、语言和文字等非意识形态的部分。文化是人类社会特有的现象，文化是由人所创造的，有了人类社会才有文化，文化是人们社会实践的产物。

　　中国共产党十七届六中全会通过的《中共中央关于深化文化体制改革　推动社会主义文化大发展大繁荣若干重大问题的决定》指出："文化

是民族的血脉，是人民的精神家园。"中华民族五千年文明，源远流长，博大精深，为中华民族发展壮大提供了强大的精神力量。作为中华民族的子孙，我们要学习和传承中华民族的优秀文化传统，融合世界各民族的文化精髓，缔造强大的精神家园，从容应对纷繁复杂的自然世界和人类社会，更好地实现人的根本价值。当今世界是一个竞争无处不在的世界，可以说，无论竞争暂时发生在哪一个层面，最终都要归结到文化竞争的层面。真正决定成败的战争发生在文化领域。文化的力量虽不易言传，但无处不在。纵观中华民族发展史，我们每一次的胜利都是文化的胜利，每一次的辉煌都是文化的辉煌，而每一次的挫折都是文化的失色，每一次的失败都是文化的被奴役。显然，人类有文化而使生存更具有非同寻常的意义。但我们要认识到文化创新更为重要，五千年的文明并不必然孕育最有竞争力的文化。

学校举办文化月活动，旨在加强校园文化建设，激发全体师生文化立校的意识，培养文化建设的责任感，培育一批校园文化建设的稳定载体，形成具有附中鲜明特色的校园文化体系。本次文化月活动的主题是"活力青春，魅力校园"，时间长达一个多月，活动内容非常丰富。全员参与是文化月活动的特色之一，希望全体师生热情关注，积极参加。"文化月"，顾名思义是一个月集中开展校园文化活动，它是关于艺术、科技、体育等方面的校园文化展示，但校园文化建设不能止于这一个月，应当是人人事事时时处处。我期盼本次文化月活动，在感性的刺激之外，能带给我们更多理性的思考。

我历来认为，校园文化建设的核心是人，其内涵是，文化建设要靠人，文化呈现还要靠人，文化的服务对象仍然是人。

厦大附中人目前有哪些文化呈现呢？譬如，刻苦学习的良好学风，丰富多彩的社团活动，全面发展的价值追求等。譬如，师生见面互致问好，这完全是无制度化的自觉行为，这里面包含有师生共同的文化理解，体现了文明礼貌、师生平等。譬如，全体师生在校期间全天候佩戴校徽，它体现了附中人热爱学校、以校为荣的自豪感和执着的文化记忆。又譬如，无垃圾校园建设。还有很多。我们需要通过制度来保障文化的形成，但这其中起主要作用的不是墙上的规章，而是心中的规章。"人"在其中起到了极为重要的作用，而在起始阶段，尤其需要老师和同学们的理解、支持和推动。随手关灯，节约用水，出教室关门窗，这些好习惯都不会自然形成，这些都需要长期地规范才能形成文化。当我们拆除制度的"支架"，这种习惯还能年复一年地存在，文化就形成了。

坦率地说，厦大附中校园文化的核心理念目前还没有形成，我也不敢妄下结论。"自强不息，止于至善"不一定是最佳的概括，"敦品励学，笃志尚行"仍然不是最佳的概括。当然，可以先做起来再说，自由发挥一阵子，然后再发展主线。但我想至少要有一个大方向，有一个大原则。大方向就是为未来培养人才，大原则就是对学生的终身负责。校园文化建设中要有几个着力点：一是由于是新建学校，要重点做好基础文化设施建设；二是虚实并举，既关注文化载体建设，更关注确立共同的文化认同，提高师生参与文化建设的自觉性和执行力；三是实事求是，从小事做起，从我做起，从现在做起，要有思想，但更要有行动；四是强调传统与现代并进，用传统文化精髓培养具有全球胸怀和现代意识的人。

校风和学风，作为校园文化的突出表现，往往最能折射教师和学生对制度的态度。设计制度并不难，难的是执行制度；短时间内执行也不难，难的是长期坚定不移地执行直至成为文化存在。校园文化的基础形态是全体师生谨守各项制度，上到国家法律、行为规范，下到学校规章制度。自觉执行制度就是文化，没有制度衡量几乎无法判断"文化"的有无。也就是说，如果没有教育制度的支撑或衬托，则根本谈不上校园文化。

今天，同时是2011年校田径运动会开赛的日子。关于运动会，我想讲的是，成绩真的不重要。养成良好的健身习惯，掌握基本的运动和健身技巧，是现代人必须具备的基本素质。组织好田径运动会和各类单项活动，是增加校园色彩、丰富学生业余生活的重要途径，它必然能够引导更多的人珍视生命，爱护生命，积极生活，促进学生全面发展和学校各项工作不断创造新成绩。体育是最生动活泼的文化，运动已经是厦大附中校园内最明丽的色彩。

最后，祝 2011 年校田径运动会取得圆满成功，祝首届校园文化月活动精彩纷呈，祝老师、同学们健康快乐。

2011 年 11 月 30 日

我感受到了校长完整的职业价值

——2015春节团拜致辞

各位同事，各位朋友，亲爱的小朋友们：

大家春节好！

万马奔腾辞旧岁，三阳开泰贺新春。在羊年春节即将到来之际，我们共聚一堂，同贺新岁。这次团拜活动是附中建校以来首次举办的春节团拜，必将载入校史。它标志着附中完成了由校园、花园、公园、乐园到我们共同家园的华丽大转身。值此佳节，我代表学校党、政、工、团，向关心、关注附中发展的各级领导、社会各界、全体师生和各位尊敬的教工家属、亲爱的小朋友们表示最真诚的感谢和最诚挚的新春祝贺！向今天莅临现场的各位大小朋友表示由衷感谢和热烈欢迎。

在即将过去的马年，附中继续演绎创业辉煌，各项事业均取得良好成绩，关键业绩实现历史性腾飞。

高考成绩继续改写历史：本一达线率 80.42%，本科达线率 99.48%。学校连续三年被授予"漳州市高中教育教学质量先进学校"称号。特别是黄永迎同学被北京大学录取，林嵘灏同学被中国科技大学少年班录取，说明厦大附中不仅能够为全体学生提供合适的教育从而大面积提升办学质量，而且在拔尖学生、早慧学生培养方面拥有可行的办法和成功的经验。

中考成绩继续再现辉煌：中考综合比为 70.81%，在全市 172 所生源不择优的公办校中排名第一。学校连续四年被授予"漳州市初中教育教学质量先进学校"称号，连续两次被授予"漳州市初中教育教学质量'信得过'学校"称号。

学科竞赛呈现崭新局面：学生在市级以上各种竞赛中获奖近 700 人次。

教师获得区级以上荣誉近 180 人次，其中教师个人业务类竞赛获得市级一等奖以上 20 人次。学校党总支分别被市直机关工委、开发区党委表彰为"先进基层党组织"。

2014 年，学校基建进展显著。面积达 1 万多平方米的 2 期教学实验楼投入使用；投资 7000 万元、面积达 1.3 万平方米的艺术中心正在建设中，目前已封顶；投资 2000 多万元的游泳馆，即将开始建设。这些项目完成后，将在很大程度上提升附中的办学品质。

马年，附中攒足了龙马精神，积蓄了万马奔腾的气势，可谓马到成功。

伴随着学校的发展，老师们在事业有成的同时，工作一年以上的，凡想在开发区安家的老师大多买了房，不少人买了车。家在情在，喜气洋洋。据不完全统计，有 120 位老师在区内置业，获得了住房补贴；有一半以上的教师家庭购买了汽车，上百位老师开上了汽车；自 2008 年以来，出生的"附中宝宝"有 47 个。作为校长，我由衷地为同事们感到高兴和自豪。尤令我欣慰的是，青年教师在附中走进职场，有了事业，有了家庭，为人师，为人父母，甚至也只是在附中才学会了开车，才开上了车。唯如此，我才感受到了作为校长的完整的职业价值。我要感谢大家。

羊年大幕即将开启。2015 年是金羊年，60 年一遇。我相信，在新的一年里，我们的事业必将更加辉煌，我们的生活必将更加美好，我们的人丁必将更加兴旺。

"羊"字的造型颇为优雅，体现了古人的审美情趣。与羊有关的字大都为褒义。羊大为"美"，羊鱼为"鲜"，羊食为"养"，羊言为"善"，羊我为"义"，吉事有"祥"，凤以之"翔"，耳熟能"详"；水在羊边为洋；羊在"目"上是"看"；羊一靠近"君子"，君子就成群地出现。汉字中有许多绝妙好辞都与"羊"有关，连学校也是房子里面一头羊，所谓"庠序之教"。《说文解字·羊部》曰："羊，祥也。"这就是说羊有吉祥之意。吉祥的词语如：素丝羔羊、羚羊挂角、爱礼存羊、问羊知马、送羊劝孝等；还有谐音的如：三阳开泰、洋洋得意、喜气洋洋、扬眉吐气、扬名四海等。

中西文化无一例外地出现羊崇拜。埃及文书记载，"狮为百兽之王，象征统御的力量；公羊接受阿蒙神之力，威力无比"，两者结合在一起，则标志着神明的最高权力，寓意法老的力量和生命力。在希腊神话中，羊也是不可或缺的。在欧洲，金羊毛不仅象征着财富，还象征着冒险和不屈不挠的意志，象征着对理想和幸福的追求。《甲骨文字典》中，以马、牛、羊、鸡、犬、豕这"六畜"为字根的汉字中，羊部的字数最多。《汉语大字典》中，以"羊"为部首的汉字竟多达204个。羊崇拜已深入中国人的脑海。

所以，我说，羊年出生的宝宝大吉，吉人自有天相。我知道，很快就有几个"附中羊宝宝"要出生，而且还是"附中金羊宝宝"。我们期待着"附中金羊宝宝"以及众多的"附二代"们带给学校更多的喜事，期待着附中在金羊年再上新台阶。

我算了一下，附中现在有八位老师属羊，大羊是李志源、马彩枝二位老师，小羊是柯宝莲、郭秋华、丁丹央、蔡敏、刘凌燕、陈世江六位老师。这里，我们共祝八位老师羊年吉祥！

属羊的名人很多，古有曹操、司马懿、李世民、欧阳修、司马光、岳飞、努尔哈赤，近代有曾国藩、李鸿章，现代有诺贝尔文学奖获得者莫言，还有网络时代的两大英雄史蒂夫·乔布斯和比尔·盖茨。最重量级的人物总是放到后面介绍，这就是我的岳父、父亲和儿子。所以，我说我在羊年一定很开心，大家一定会相信的。在新的一年里，我相信大家也一定像我一样开心！

一年之计在于春，让我们将对美好生活的憧憬、对学校发展的祝愿、对祖国繁荣昌盛的祝福的种子深深埋藏在心田，坚定信念，扎实工作，用辛勤的汗水浇灌出丰硕的果实。附中的明天一定会更好！

最后祝各位新年快乐，万事如意！谢谢！

2015 年 2 月 14 日

明天注定要到来

我不时受学生之命写一点东西，从不敢敷衍。这些小文确非绝妙好辞，我能保证的是，它们都是我的真实想法，而且每一个字符都是从我的指尖流出。

《观澜》文学社的陈文薇和刘钰璐同学找到我，希望我能为新一期《观澜》报写一段放在"卷首"的话，话题是"为了明天"。据说这一期的文章都是此一类的。对于"明天"，我向来思考得不多。我是一个生活在今天的人，不够浪漫，所以感想不多。然而，我一直很赞赏和感谢为《观澜》报辛勤付出的老师和同学，写一段四五百字的话是不能推却的。明天是伟大祖国的生日，今天的此刻，一群可爱的学生都离开了学校。在这安静的校园里，我想起了"明天"。

明天注定要到来

我们生活在今天里，明天蕴含在理想里。因此，有什么样的理想就可能有什么样的明天。为理想而奋斗的动力就是心中辉煌而灿烂的明天。为了明天，我们要拼搏今天。虽则我们有 N 多的明天，但我们只有短暂的今天，稍纵即逝。

明天是希望，明天是力量的源泉。我们永远只能生活在现时世界，但我们的理想可以植根于明天。期待中的明天会使我们感到今天的温暖和意义。只有生活在希望中，我们才能真切地感受到存在的价值。一旦理想的幼苗长成参天大树，我们就来到了明天。

今天多美好！也许我不是学者，不是富翁，不是明星，不是高官，不是一切今天令人羡慕的角色，但我觉悟到了生存的陶醉和人类智慧的魅力。我的前途无限光明，因为我在成长中。

明天快来吧！或许我已成为学者、富翁、明星、高官中的一类或者某几类，抑或我仍然不是一切明天令人羡慕的角色，但我从心底里为我的已成为昨天的"今天"而自豪。一个有理想的"今天"让我的生活无比美好。

教育是为了明天的事业。如果说教育事业是一部大戏，学生一定是这部戏中的主角。学校精心搭建舞台，期待着你的精彩演出。

明天注定要到来。赶快行动！

写于 2011 年 9 月 30 日

在团委、政治教研组的指导下，学生成立了时事社。我也只是在他们招募成员时从海报中了解了大概，至今也不知道他们的运作方式。某一天，社长在教学楼走廊拦住了我，让我给他们要办的小报写个发刊词。他们要办一个 A3 纸大小的打印小报，篇幅有限，我只能写一篇短文。前两天，在橱窗看到了他们的报，居然名之为"领袖"，一共两期。以下是那篇小文。

乘上"时事快车"去"越狱"

"两耳不闻窗外事，一心只读圣贤书。"这是中国自古以来读书人的主流价值观之一。即便现时，用"坐牢"来比拟中学生的读书生活，似乎亦颇少异议。其实，不唯学生，全部人类何尝不是感到越来越孤独。信息社会，在技术拉近了物理世界距离的同时，推远了人与人之间的心灵距离。拜金、物欲、自我、快节奏以及无处不在的过度竞争，使人类社会处处都是没有硝烟的战场。人与人之间，人与自然之间，人与社会之间，"高墙"林立，不是彼此包容，而是彼此包围。我们坐进了自己营造的"监狱"里。

这不是理想社会！我们需要改变这个社会！

所以，我对时事社的成立寄予厚望！

文学甚至可用荒诞的批判参与社会改造，而新闻必须视真实为生命。然而，真实的现象不见得是真实的社会。面对纷繁复杂的大千世界，我们需要擦亮眼睛，仔细辨别真善美假恶丑。我们不缺乏批判精神，但不见得会批判。作为还是孩子的同学们，个人自然可以任性一点；但作为时事社的成员，一点都不能任性。选择抑或评判，处处都是责任所在。

我希望附中学生的时事社是新时代的高速列车，不仅快，更重要的是安全、可靠、温馨、舒适，充满正能量。让我们乘着这列能量无限、魅力无穷的"时事快车"去"越狱"，去追逐文明和进步，去创造更加美好的生活。

写于 2015 年 4 月 2 日

文学社拟出一期关于高考话题的报纸送给高三同学，命我撰一短稿。遂有下文。

走过夏天，你会更美丽！

每天都要经过你们的窗口；每天都要与你们当中的很多人在校园里邂逅；每一次早操，我都要站在升旗台前迎接你们的到来，继而目送你们离开操场……我们共同生活在校园里。当擦肩而过那一刻，当映入我眼帘的是不够生动的面庞时，我总在心里默念：走过夏天，到了秋天，你一定会美丽！

因为心中有目标，所以大家读书很刻苦。倘若胸无大志，爱学不学，则无所谓"苦"。世间万物，生存的哲学基础是"学习"。如果说对"学习一概是功利的"这样的说法我们还持怀疑态度的话，那么，经过高三一年的学习，几乎没有人怀疑其具有某种功利性。不能说从幼儿园开始就为高考而战，但到了高三，必须为高考而战。为高考而战的学习也是我们人生的重要一课。读书十几年，拿出一年来专门为高考而读，既是可以理解的，也是非常必要的。应试教育不好，但应试能力不能不要，这种能力一辈子都用得着，而高三一年的高强度训练，我们从中获得的远不止应试能力的提高。高三苦读的生活被某些人形容为魔鬼生活，但走过高三的人回首往事时，往往觉得令自己自豪的恰恰是这种"苦"。我们在回忆这种"苦"时，从心底流淌出来的反而是甜。

既然高三生活是"苦"的，我们还怎么"享受高三"呢？这就是生活的智慧。我们首先要庆幸自己能够参与到高三一年的"苦读"以及为此作出的一系列智慧选择。这一年里，我们比较密集地调动自己的体力和智慧，在高消耗中高增长自己的才干。消耗越大，增长越多。我们要明白，这样的机会以及由此获得的心理体验，一辈子当中不可能经常拥有。"享受高三"是一种非常重要的心理战术，是一种高明的姿态，是对"改变他人不如改变自己"的现实诠释。"享受高三"的心态，便于我们调整与各类人的关系，让我们少了很多纠结，使我们的心态更趋于平和，心灵更纯净，精力更集中，效率更高。

人生路漫漫，但什么时候该做什么事总有普遍规律。学生第一要做的事就是好好读书，即便学做人也得主要在读书中学。其实，读书是美的。在附中美丽的校园里读书，难道不美吗？

我们将要挺进高考考场。但这里远不是终点，充其量是人生旅途的一个寻常驿站。一夜宿营，当晨曦初现时，你还得背着行囊踏着朝露向前奔。这里没有失败者，走到这里的人都是胜利者。拥有就是幸福，你要好好享受。这里，不能决定你未来是胜利抑或失败，你要做的是丢掉包袱轻松上路，认准下一个驿站，充满信心地奔过去。读书不仅是过程也应当是目的，不仅是竞争工具也应当是生活本身。我们要幸福地读书，幸福地生活。

　　每当我看到返校的校友那光彩的笑脸和自信的眼神时，我就坚信：走过夏天，你们必定会更美丽、更帅气！

　　走过夏天，前方的路还远，我希望你做一个"幸福的平凡人"！

写于 2015 年 5 月 3 日

特殊的启迪与引领

——我与《福建教育》十年

　　我是"新福建人"。2007 年 4 月的一天，我在《中国教育报》上看到一则招聘启事，厦门大学在漳州校区与漳州招商局经济技术开发区联合筹办其史上第一所附属中学，面向全国招聘校长。之前从未想过"跳槽"的我，第一次认真看完了一所学校的招聘启事。"创校"，瞬间点燃了我心中朦胧的教育理想。2007 年 9 月 3 日傍晚，我从安徽省一所省示范高中校长任上辞职来到了厦门湾南岸的漳州港，独自一人，正式开始了筹建厦门大学附属实验中学的艰难历程。9 月 5 日，正式上班的第二天，我在开列办公室物品采购清单时，将《福建教育》列入六种需要补充征订的第四季度报刊。我非常清楚，了解福建教育、熟悉福建教育人，要从《福建教育》开始。2007 年 10 月，我和《福建教育》见面了。

　　厦大附中的第一个发展规划是我在书斋里炮制出来的。那个规划叫《厦门大学附属中学四年发展规划（2007.11—2011.6）》。校名还是暂用名"厦门大学附属中学"。校园还在造地，所以规划分为"基础篇"和"发展篇"。"基础篇"分为校园建设、生源工程、人力资源、教学设施、环境论证、制度建设六个部分。"发展篇"分为办学理念与发展目标、加强人力资源建设、确立教育服务品质、构建教育研究与开发机制、建设校园文化熔铸学校精神、推进现代学校制度建设六个部分。之所以是个

"三年半"的规划，是我觉得这个规划只是我个人的"作文"，待办学一轮后再群策群力重新制订。2011年初，在我着手起草《厦门大学附属实验中学五年发展规划（2011—2015）》时，我觉得自己的一些思考应当通过《福建教育》这个平台求教于更多的福建教育人。

建校初期三年多，虽然我没有精力也没有动力为期刊写稿，但我在自己的博客上发表了200多篇共计40多万字的文章。这些文章都与教育有关，并非随意而写。在厦大附中的老师、学生、家长当中有一定的影响力，点击量超过40万。这件事本身带给我一定的启发，所以就写了篇《校长要做"真实"的人——简析校长博客的德育功能》投给了《福建教育》。稿子是通过邮箱发过去的，所以虽然过去了十年，现在仍然可以查看。2011年4月15日上午8:36我发过去，9:03收到吴炜旻编辑的回复，间隔27分钟。这个反馈效率让我始料未及，顿生好感，至今记忆犹新。10:22又收到吴炜旻老师发来的一封更长的邮件。

在9:03的邮件中，吴老师写道："姚老师，您好！收到您的文章，顺带去您的博客看了一下，粗粗泛读几篇，对《著名教师》一文尤为感兴趣。为师者，为校长者，能有这样的认识，颇不容易，向您表示敬意。"在10:22的邮件中，吴老师说："我对有着自己的教育理想并为之不懈奋斗的人，一贯保持足够的敬意。刚才在您博客上又读到您、您夫人和汤老师等几位的诗词作品，十分感慨。实不相瞒，虽然我认识的老师、校长很多，但能够填词作赋的极为罕见，所以又冒昧跟您聊几句。坦白说，如果不是今天正好认识您，我还真不知道厦大还有一所附中。新校，一片空白，辛苦，但也能够更多地按照自己的设想来描摹，自有其不同的乐趣。有您这样的校长带头，我相信附中的老师们对于阅读和写作，会有自己的兴趣的。希望我刊能够和附中建立良好的关系，真正为一线教师做点事。"编辑如此诚恳，很让我感动。《校长要做"真实"的人——简析校长博客的德育功能》一文发表于《福建教育（B）》2011年第10期上。

今天看来，结缘《福建教育》之日正是厦大附中步入正轨之时。我不必谦虚地说是《福建教育》教我如何做校长的，因为那之前我已经做了15年校长。同时，创建厦大附中，我是带着自己的教育理想和教育理解来做的，背后没有"教练"，也没有直接参考其他任何学校的做法。但是，我要说，那之后，我更主动结合福建教育生态自觉思考厦大附中的建设和发展。从某种程度上可以说，是《福建教育》让我们的办学理念更清晰地从"理念"走向实践，并逐渐为福建教育界所了解。这对我校创建省一级达标高中和首批省示范高中建设学校，实现学校优质跨越发展，起到了重要作用。从这个角度说，《福建教育》也是厦大附中快速发展的重要推动力，是一个特殊的参与者和支持者。

十年里，我在《福建教育》上发表了48篇文章。我的很多关系到学校发展的、个人认为比较重要的文章都发表在《福建教育》上。《教育无非服务——我的教育行动指南》《让教育带着温度落地》《让教育更加尊重生命》《稍有诗意地栖居，可以吗》《快乐源于专注》《奋斗成就幸福的平凡人》《矫枉不过正：走向理想的现实策略》等文章，系统总结了我们的办学主张和实践成果。正是有这个基础，2017年以来，华东师范大学出版社大夏书系先后为我出版了《让教育带着温度落地》《安静做真实的教育》《让教育更加尊重生命》《教育无非服务》《让教育稍稍有点诗意》等五本教育专著。这些著作大多一印再印，其中2017年出版的《让教育带着温度落地》《安静做真实的教育》两部已分别印刷了八次、七次，《让教育带着温度落地》《教育无非服务》两部入选《中国教育报》年度"教师喜爱的100本书"，在教育界产生了一定的影响。

此外，《校园如何让人更美好？——学校建筑的美育功能例谈》《文化建设离不开讲好校园故事》《用文化力量推动学校健康发展》《校园文化建设，离科学主义远些》《审美追求：学校教育的责任》等文章，对深化校园文化建设，形成厦大附中特有的文化风格和文化认同，具有相当重要的推动作用。《语文教育怎样才能回归本质》《师生同悟抒写的快乐——校本课程"时评例析"的教学实践》等文章总结了我们在学科建设上的一些探索。《所行：我参与一所学校成长的故事》《开发区里诞生一所好学校》记录了厦大附中的发展历程，得以让更多的人了解厦大附中优质快速发展的深层原因。校长的书写，在一定程度上能影响一所学校的思维方式、做事风格、文化格局和精神气象。对一所新学校和创校校长来说更是如此。我为厦大附中而写，《福建教育》为我提供了欢欣的舞台，这注定要载入厦大附中校史。

《福建教育》创刊 70 年来，一直坚持"围绕中心，服务大局"的工作宗旨，彰显"实新博活"的办刊特色。我与《福建教育》十年、厦大附中与《福建教育》十年的故事，特别是《福建教育》对厦大附中发展的启迪和引领，就是这种办刊宗旨和特色的最好注脚。

2021 年 12 月 28 日

办所有学生永远喜欢的学校

——在厦大附中校友会成立大会上的致辞

各位校友代表、各位同事：

大家上午好！

首先祝贺校友会成立大会如期召开，并预祝大会按计划完成各项议程，圆满成功！

作为创校校长，第一届高中学生毕业后我就有牵头成立校友会的想法。2013年春节前，高中首届（2012届）毕业生从大学放假回乡后纷纷结伴回到母校看望老师，甚至有同学从机场、火车站直接赶到附中参加活动，然后再回家。其情其景犹在眼前。当时返校批次之多、人数之众、场面之热烈、大家对母校的热爱和依恋之强烈，是我从教近30年所未曾见过的，给我留下了深刻印象。"办学生喜欢的学校"这个办学理念因此在一定程度上得到肯定。由此可以推论，接待校友返校是附中的经常性工作，不是可有可无的。其时我就萌发了成立校友会专司校友返校等事务，但因为学校太年轻，校友也太年轻，成立校友会的时机还不成熟。

教育无非服务，但服务不应止于在校学生，还应延伸到毕业生乃至于他们的子女。办学生喜欢的学校，更不能止于在校学生，尤应努力办所有学生永远喜欢的学校，要努力办连他们的家人也为之自豪的学校。一所学校的生命气息和精神气象不仅体现于在校师生，也体现在毕业生身上。毕业生也是学校生命体的一部分。所以，我希望有一个类似于校友中心这样的机构和场所来负责和开展校友工作。毫无疑问，校友工作是学校工作的一部分。

2019年春节前，有早几届的毕业生在我面前流露出对学弟学妹能够用上恒温游泳馆、电影院、独立琴房、功能完善的艺术馆的羡慕，那一刻我萌生了一个想法：安排一个时间，让你们也来游泳、看电影、唱歌跳舞，弥补"先生"的缺憾。2017年11月，我在草拟示范高中建设规划时，曾经设想在合适的时候举办校友文化节活动。但一直觉得条件不具备，还不到时候。那年寒假期间，一批一批返校毕业生回母校做招生宣传，时间不统一，接待很难周到，让我萌发了开展"校友返校日"（后称"校友日"）活动的想法。校友日，学校向校友全面开放，举全校之力做好接待工作。2019年5月，学校正式成立了学生发展指导中心（简称"学导中心"），负责指导学生开展活动。其中一个重要职能是负责校友工作。学导中心很快进入状态，一方面筹办定于8月18日举办的第一次"校友日"活动，另一方面着手在智慧校园平台构建校友中心。我给他们提出的要求是，哪怕一位同学只在附中待一天，也要让他在网上校友中心中找到自己的空间。2019年8月，位于艺术馆一楼的校友中心装修完工，投入使用，8月18日首次举办"校友日"活动，当天返校校友超过600人。想必在座的校友有不少人当天也参加了活动。

学校是培养人的地方，传授知识只是培养人的一个方面。学生从学校毕业后，如果师生间真的如我的某位大学老师感慨的今日之师生关系为"井水不犯河水"，我觉得学校就是客舍乃至陌路。学校是启智的地方，提升学生的智商很重要，但提高情商更重要，而讲感情、懂情感比单纯的情商培养还要重要。如果我们培养出来的学生是不懂感情、不讲感情的一群人，我觉得我们的教育是极为失败的。

学生毕业了，他不应当是学校的客人，而应当是学校的主人。一所试图建立现代学校制度的学校，必须让校友深度进入学校管理，这就是我重视校友工作的根本原因。我也一直在喊文化自觉与文化自信，但如果一所学校的师生包括毕业生对本校的文化甚至校园、校舍、设施设备都不清楚，谈何文化自觉与文化自信？办所有学生永远喜欢的学校，可他连学校现在是个什么样子都不知道，何谈喜欢？如果他连学校的大门都进不了，他又怎么能喜欢？所以我们要简化校友入校手续，并且每年都要举办两到三次"校友日"活动。

到今年底，母校已建校 15 周年。15 年来的发展变化大家有目共睹，我不再赘述。到 2021 届，母校已有 10 届高中毕业生、11 届初中毕业生，校友总数近 6500 人，成立校友会迫在眉睫。几年前，成立校友会就提到了学校的议事日程，最近两年进入实质性筹备阶段，但过程一波三折。我希望成立正式注册的有独立法人资格的校友会，我希望校友的力量未来能成为推动学校发展的独立力量。令我完全没想到的是，成立一个合法的校友会比登天还难。我也因此才知道绝大多数学校的校友会都是未经注册的"非法"的校友会。为了全力推动校友会成立，根据要求，厦门大学附属实验中学校友会第一届第一次会员大会暨校友会成立大会今天在这里举行，选举成立理事会、监事会等相应机构，但厦大附中校友会最终能否获准尚是未知数。我想，即使暂时未能获批，有了校友会，我们将依规开展活动，校友工作就走上了规范化、经常化的路子，因此会呈现崭新局面。

这里还要特别感谢为校友会成立做了大量前期筹备工作的老师和同学！附中初中第一级（2008 级、2011 届）毕业生、高中第三届（2014 届）毕业生高武渊校友，福州大学毕业，现在福建天衡律师事务所工作，他从专业的角度配合学导中心主任杨越老师推进校友会登记注册工作，并在学校的邀请下出任校友会会长（候选人）。在筹备这次会议之前，武渊还给广大校友写了一封信，号召大家积极参与校友会。他在信中说："我们都是附中人，现在请将你的双手借给我，让我们届时一起为校友会的成立贡献一份力量。"高中首届（2012 届）毕业生董巧妙校友，陕西师范大学毕业，现在北京德衡（厦门）律师事务所工作，同样热心校友会工作，受邀出任监事会监事长（候选人）。还要特别感谢刚从附中毕业的2021届、现就读于南京大学的李昱圻校友接受我的邀请，为宣传校友会成立写了热情洋溢、文采斐然的《宣发辞》。想必大家都读过。18岁的昱圻在《宣发辞》的最后写道："天涯此时，海宇同春。特邀旧日之附中人、今日之附中人、一生之附中人，齐襄盛典，共证辉煌！"虽然昱圻和其他众多校友今天因故未能亲临，但此时不正是"天涯此时，海宇同春"吗？这里再次感谢到会的各位校友！

创校之初，我给学校确定的远景奋斗目标是，把学校建设成一所具有文化竞争力的现代化的有特色的学校。显然，"现代化的学校"首先得确立现代学校制度。现代学校制度的核心是依法办学、自主管理、民主监督、社会参与，校友作为一种特殊力量，校友会作为一个特定组织，一定能在母校建立现代学校制度方面发挥积极的作用。举凡一流名校都有一流的校友会。我希望厦大附中校友会团结校友助力母校，全方位深度介入学校的管理和发展，希望广大校友热心校友工作，关心母校发展，帮助学弟学妹，参与母校成长。当然，学校治理有其专业性，所以，校友会要加强自身建设，要主动和母校增进联系，不断提高参与学校事务的专业水平。附中校友人才辈出，校友会藏龙卧虎，相信要不了多久，厦大附中校友会和校友工作一定能后来居上。我这里还要寄语理事会：热情、奉献、力行、服务、创新！我坚信，厦大附中的校友工作前景广阔，大有可为！

"办所有学生永远喜欢的学校"是母校的发展愿景，这势必需要校友永远参与。我曾经说过，如果有一天我们不再想着"办学生喜欢的学校"，那么，我们不仅对不起其时的学生，尤其对不起过往那些和附中一同成长的毕业生。"办学生喜欢的学校"是从漳州港这片星空下、厦大附中这块土壤中生长出来的办学理念，不设身处地就无法理解我们怎么会从心底发出这样的呼喊。"所有学生"喜欢可能吗？是可能的但也许是不现实的。不是绝对做不到，而是我们能力达不到。"永远喜欢"可能吗？是可能的但我们也许永远得不到确切的回应。我觉得，心里想着"办所有学生永远喜欢的学校"，教育就有可能是健康而美好的，学校就有可能是学生向往和喜欢的地方，尽管也许我们永远也等不到确切的答案。信仰不是为了实现而是为了追求的！在永不停息地追寻中无限接近美好，自强不息，止于至善！让我们共同努力！

最后还是要嘱咐大家做幸福的平凡人。幸福比什么都重要！大家都很年轻，最大的也不过 28 岁，来日方长，有足够的时间经营自己的人生，如韩愈所言，"无望其速成，无诱于势利"，一定能平安幸福！欢迎大家常回母校！

谢谢！

2022 年 1 月 23 日

附：厦大附中校友会成立大会《宣发辞》

潮涨双鱼，霞归太武。迢递边城，巍峨学府。白墙红瓦，腾云拱日之姿；幽树明花，游蜂戏蝶之处。登临叩问，侧帽优游，清歌信步。孤凤扬翎翅，图书馆典册难穷；二龙衔首尾，艺术楼风流如许。

转观飞鸟，忽闻悬瀑。拾白石阶上，莎虫畅意往来；踏青草地去，野芳忘情含吐。幽亭旋出，逸兴遄飞。山如屏列，半围清凉胜境；水作带飘，一派海滨邹鲁。揽造物之形，得天然之句。始知登亦乐而怀天下，良有以也；居神秀则得灵迹，岂妄言哉。群楼俯瞰，明灯渐起；学子谈笑，犹带书声。能不感慨系之！

于是追昔抚今。想黄沙秋草，空生寂寞；野岭啼猫，徒益凄寒。夏苦炎瘴，冬避狂澜。人谓立校，胜精禽填海，愚叟移山。然终见楼台平地，变幻桑田。血接招商之脉，身托厦大之肩。学子尽一州俊彦，师长毕四海英贤。数理化生，重开九龙气象；诗赋篇章，各擅八闽骚坛。诚天心重镇，蔚然文都。清流激浊，誉驰社会；布道为人，情满校园。噫，迩来一十四年矣。若问何如，殆人力也！

东方未明，已多诵书之音；大灯既灭，尚有奋笔之人。每逢课间，或援疑质理，穷极奥妙；或伏案成眠，暂长精神。久久为功，走廊上，宿舍里，食堂中。散学铃作，雷动飙尘如电；发令枪响，云穿人海从龙。或凭栏眺月，足履灯光闪烁；或抱膝谈心，背倚榕树葱茏。益友为伴，漫说奇闻南北；良师指路，方见吾道西东。考场迷惘，情场困顿，何妨泪湿襟袖；赛场掉阖，球场驰骋，正应笑指苍穹。倏忽日光散绮，花木生辉；骤然雨势翻盆，台阶倾瀑。时微风过而蝉不噪；时阵云集而鹊争鸣。盖少年心绪，一如附中之气象也。

然，寒暑更迭，春秋代序，岁岁凤凰花里，人人各赴鹏程。士别三日，犹当刮目相对；他年稚子，俨然当世豪英。穷理者勤，治商者精。事工者细，从政者清。乐师再风雅，画手续丹青。为医则仁心博厚，学文则意气充盈。散向九土，熠熠河星。

嗟乎，鳞游常趋故水，鲲化尚想北冥。徙倚光辉世界，每多暌违之憾，得无曰归之情？今幸师长奔走，母校倾力，筹策逾年，大功将毕。浩气舒而云天豁朗，高风作而山河带厉。桃李重馨，学界骇瞩；鸾鹤同鸣，嘉宾肃立。兹定于辛丑腊月廿一日（西历公元二零二二年一月二十三日）巳时，于大礼堂举办厦门大学附属实验中学校友会成立大会。天涯此时，海宇同春。特邀旧日之附中人、今日之附中人、一生之附中人，齐襄盛典，共证辉煌！

——2021届校友李昱圻撰

李昱圻，男，福建东山人，2015—2021年就读于厦大附中"六年制"实验班，2021年以优异成绩考入南京大学人文科学试验班。昱圻有较深厚的国学功底，擅作旧体诗，在附中就读期间正式出版旧体诗集《野马集》。高二时曾入选CCTV《中国诗词大会》"百人团"，登陆央视舞台。

不为高考，赢得高考：一百天依然有一百种可能

——2022 届高考百日动员大会上的致辞

老师、同学们：

大家下午好！今天这个会是高考百日动员大会，我怎么算还有 101 天呢？不过也好，寓意百尺竿头更进一步。去年我们已是百分百的本科达线率，所以，再进一步就是不仅百分百而且质量更高，更有内涵。

就我个人而言，百日誓师纯粹多此一举。我曾经说过，高中校长的纪年方式很特别，每年的 6 月 8 日（现在是 9 日）高考结束那天是"除夕"，这是一年的收尾；6 月 9 日（现在是 10 日）是"春节"，这是新的一年开始。高考是盛大的节日。送走一届，迎来一届。我已从教 38 年，担任校长已 26 年，筹建附中已 15 个年头，已经习惯了教书育人、上课考试的生活，不需要通过誓师这样的仪式来给自己加油。在筹建、初建附中的艰难日子里，我有一百个理由放弃，只有一个理由激励我坚决不放弃，这就是办一所学生喜欢的学校。是一个信念而非无数个仪式给了我战胜困难和一往无前的动力。但是，既然大家认为有必要，我也乐于从善如流，并且接受了黄海段长的邀请来讲几句话。

我一般都是远远地站在百日誓师的现场边缘，基本不讲话。刚才我之所以一直坐在最后一排，是我担心你们要喊口号。如果坐在前排，我喊也不好，不喊也不好。果然，刚才你们在一程同学的带领下喊了起来。

我坐在后面没动，现在只记得你们喊的"高三加油，附中加油"两句。我在这里再次给你们加油。附中建校以来到你们这届共 11 届高三，这样的讲话在我是第一次。记得在 2019 届的某次集会上我也是应黄海段长之邀即兴讲了三句话，第一句：高考，分数为王；第二句：信心，贵如黄金；第三句：奋斗，不负青春。2020 届因疫情推迟开学，高考百日同学们未到学校，当时我应张静段长之邀，在亦乐园上录了 20 分钟的视频致辞。我想，今天要讲的差不多还是那些内容，但略有不同。

第一句话：高考，分数为王。有句流行语：考考考，老师的法宝；分分分，学生的命根。我不完全同意这句话，因为分数不能代表全部，甚至也不能代表公平。但是，高考录取就是看分数。知分填志愿，平行志愿，就是看分数、名次。所以，关于分数对于高考录取的重要性这里无须多说，关于尽力考上更优秀的大学的意义也不必多说。备考是全球高中生一种无法回避的特殊的学习方式，甚至人一辈子都免不了经常碰到考试。我当附中这个校长也是经过笔试、心理测试、面试、考察考来的。学习不全是为了考试，而为了考试的学习自有其特殊的规律。所以，最后一百天要毫无疑问地回归到"为了高考的学习"，就是为了提高分数。全体师生都要为了这个目标。要相信，正确地备考同样可以砥砺出最优秀的品格。从这个角度来说，积极备考显然不仅是为了分数。

第二句话：信心，贵如黄金。一质检中，我们取得了优异成绩。物理类、历史类赋分、总平均分均为全市第一名，其中物理类更是超过了第二名 20 分；总模拟本一上线率 87.53%，其中物理类高达 93.69%，全市第一，历史类 69.83%，全市第一；本科总上线率 99.55%，全市第一，物理类 99.40%，全市第一，历史类 100%，全市第一。这些成绩足以表明决胜高考只是时间问题。我觉得，拥有平常的心态、冲刺的意识、合适的节奏，是高考正常发挥的保证。我们分析过去十届高三工作，发现我校高考成绩在高三数次考试中总是最好的一次。这是因为我们把握住了最佳成熟期和最佳兴奋点的运用规律。杜威认为，"生长的首要条件是未成熟状态","一个人只能在他未发展的某一点上发展"。他还说："用绝对的观点来看，未成熟状态就是指一种积极的势力或能力——向前生长的力量。"最优成熟点和最佳兴奋点应当有合理的预设。"一鼓作气，再而衰，三而竭。""早熟"会"早衰"，我们不是"晚熟"，而是正当其时。我们反对"为了考试的课堂"，不主张"三年都是高三"，而力求"不为高考，赢得高考"。随着高考的到来，我们逐渐进入状态。这是我们多年来摸索出来的一条重要经验，大家一定要有信心。确保高考胜利，你唯一要做的是带着积极的心态坚持到高考结束最后的铃声响起。如果你能在那一刻扪心自问"我努力，我无悔"，我担保你必胜无疑。

第三句话：理想，核心动力。王阳明说："志不立，天下无可成之事。"人是追求意义的动物，人的生命是要有意义的。之所以能无所畏惧，是因为心中有个理想。王阳明说："故立志而圣，则圣矣；立志而贤，则贤矣；志不立，如无舵之舟，无衔之马，漂荡奔逸，终亦何所底乎？"没有舵的船，没有嚼子的马，随水漂流，任意奔驰，最终结果只能是一事无成。无论有什么理想，无论作何选择，我们都应当追求卓越，拒绝平庸。追求卓越就是不可自甘堕落、流于一般——务必自强不息，止于至善。拒绝平庸就是不负天资——务使天生我材，必尽其用。

第四句话：奋斗，不负青春。一百天，老师如何教，学生如何学？方法不止一百种，但根本的方法是奋斗，是不放弃。教育不相信奇迹，但什么都有可能发生。2018届林泗容，省质检考试全市651名，高考全省77名。2019届卢诗颖省质检考试全市283名，高考全省93名。2020届邱华彦省质检考试全市2196名，高考全省2442名；张昊明高考前一次模拟考年段308名，高考年段64名。2021届林书琪省适应性考试全省5746名，高考全省1767名。昨天的《闽南日报》发表了书琪的《不要因为意气用事放弃任何一个科目》，是我推荐让她分享的。这些都是"逆袭"的典型。这背后也许有一百个理由，但我想其中重要的一条是不懈奋斗。

时间是最重要的资源。我讲一个故事。自 2016 届以来，每届学生毕业后，学校都编写一本《毕业生学习经验汇编》。2020 届编了一本《以梦为马，不负韶华——厦大附中 2020 届高中毕业生学习经验汇编》，里面有一篇是现就读于华东师范大学的陈锚校友写的。他说："两年里，我在自习室里待到 1 点钟的次数是 142 次，2 点钟是 34 次。我坚持 5 点半起床一年半，常是全校最早到班的人，唯一的竞争者是同为九班的偲颖。'时间'是那段日子里唯一的筹码。"他在文章的最后说："这一路上不能也不会只有自己一个人孤军奋战，你和千万人共同奔跑，却一定有一群人把你围在中央。""毕业典礼结束后，校长给我写下了'诗意栖居'四个字。而我将会把这四个字写在我的录取通知书上。希望我能同各位一起，不负师长和自己所期。如若选择了一往无前，也绝不肆意践踏身前的花与诗歌。朝着远方，无问西东。"看了他的文章，我立即给他发了一条信息："让我吃惊、感动！"我觉得自己失察、失职，我不知道也不赞成他这样熬夜拼命，我也不赞成你们这样。他很轻松地回复我："就结果而言是值得的！能为后辈们做出榜样甚是荣幸！"我再次嘱咐他"不要经常熬夜"。去年高考填报志愿期间，我推荐陈锚写了篇《选择专业要做足功课，目光要放长远》的文章刊登在 7 月 9 日的《闽南日报》上。

奋斗应该是成功人生的基本姿态。厦大附中的发展史就是一部内涵发展、质量兴校的奋斗史。在这里，奋斗是幸福快乐的自觉追求；在这里，奋斗本身就是幸福的。在这里，奋斗教育不是"吃苦教育"，而是对美好生活的诗意感受；奋斗教育不是呼天喊地的"励志教育"，而是日复一日地踏实践行；奋斗教育不是个人奋斗的"狼性教育"，而是崇尚利他行为的美育。总之，在厦大附中，"奋斗"和"幸福"是互联的。正是因为奋斗成为自觉的追求，所以同学们便能愈战愈勇。

第五句话：慎独，人生修养。"慎独"两个字大家应该不陌生，"谨慎"的"慎"，"独自"的"独"。"慎独"出自《礼记》。《礼记》中的《大学》《中庸》都有。"君子必慎其独也"，也即品德高尚的人哪怕是在一个人独处的时候，也一定要谨慎。日本有个谚语：素质就是不需要提醒。这就是自觉。教是为了不教。因此，教育的终极学问是"学会自学"。学生在学校里学到的静态知识走出校园后通常九成以上都会立即被忘掉。真正的人才不是在课堂上教出来的，所以爱因斯坦说："当在学校所学的一切全部忘记之后，还剩下来的才是教育。"慎独的另一个侧面是自律。慎独、自律应当是一个成熟的附中学子最显著的特征之一。自律可谓制胜法宝，我不多阐述，只想将一本日本的图文并茂的畅销小书《自律的你真美》封面折页上的内容简介读给大家听："整个世界好像串通好了，要让你的生活变得忙手忙脚、混乱不堪。每时每刻，你都得忙于应付各种日常琐事。这种情况下，若你还能保持精致、优雅，那简直就是奇迹！要想过上一种又忙又美、飒爽干练的生活，你必须学会自律！工作中，坚决抛弃那些拖累效率的坏习惯；生活中，坚决抵制过度享乐对你的消耗；关系中，坚决不与莫名的负面情绪纠缠……给自己来一次清清爽爽的断舍离，让能力和自信成为你惊艳所有人的底气。"这种说法我很赞成。能做到慎独、自律，我们离成功就不远了。

概括起来，说的五句话其实就是八个字：信心、理想、奋斗、慎独。

国学大师汤用彤的父亲汤霖曾给汤门子弟题词："事不避难，义不逃责，素位而行，随适而安。"意思是，做事不回避困难，做人不逃避责任，安于平凡岗位，坦然顺应境遇。我愿意将这 16 个字送给大家。

最后还是那句话：做幸福的平凡人！再进一步：用奋斗成就幸福的平凡人！记住：虽然只剩 101 天，但你面对的是一百种可能，你需要把握属于你的机会！祝福大家！谢谢！

2022 年 2 月 25 日

对孩子最大的不尊重就是无视

各位同事：

　　今天早晨进入力行楼 107 办公室并非去检查。打算进之前，办公室门未锁我是能猜到的，卧具未收也是能猜到的……我是个严谨的人，口袋里的手绢都叠成豆腐干式的，但我能容忍他人的"不拘小节"，绝不耿耿于怀。加之不少初中老师中午要督修，没法回家，我本人感到愧对大家，故对类似乱象便熟视无睹。不批评不等于赞成！而且我知道，迟到的往往未必是家务重的，办公室乱的往往也不一定是工作量最大的……

　　今天早晨我走过 107 室，看到门把手上的《观澜》报，实在忍不住。这两份报纸应该是文学社的学生一周前放在上面的，我一直在等，看哪天这里面的老师会将这两份报纸取走，但遗憾的是直到今天还插在那里。我很好奇，一推门，门是锁的。我猜想，之所以一直放在把手上，似乎与这扇门一直锁闭有关。但愿是这样！我拿起报纸，推开另一扇门，想将《观澜》放进去。门果然是开的，进去就看到了上述画面。当时我脑子里冒出这样一个念头：这样的老师大约也不配看《观澜》。于是我拍了张照片发到了办公群里，带上门离开了。我拿着这两张报纸，到高中部巡堂，然后从体育馆、田径场出西门，沿围墙走了一圈，再从东门进校回办公室，前后一个小时，一路上都在思考这个问题：为什么这份报纸放在这里一周都没人取走？就是垃圾也应该拿走！这是何等地无视！

上周，附中 2015 届毕业生吴同学向我报喜，她考上了北京电影学院导演系研究生，我问她"是不是那个身高 1 米 8 的老学姐"。仅仅一分钟，我就将那张她当年贴在图书馆一楼那架钢琴上的留言条的图片发给了她。再之前，2018 届毕业生柯同学加我微信，我也是在很短的时间里发给他当年写给我的留言条。我的一位 19 年前毕业的学生，因为我离开了原学校，他又出国留学、定居，直到 3 月 31 日下午 2 点才加上我的微信，不到 5 分钟，我就将一段有关他的视频发给了他。这段视频是 2001 年暑期，我带他们到中国科技馆参加比赛，我用自己的家用 DV 拍摄、自己制作的 MPG 格式的视频。这段 86 秒的视频是他向时任教育部副部长韦钰女士讲解的片段。4 月 9 日，他给我发来一封长达万言的书信，畅谈师生情谊。这些年附中学生在《闽南日报》上发表文章的报纸我全部保存，摞在一起已厚达 25 公分。《观澜》《心语》《领袖》，我都无一遗漏地保存；学生手绘的海报，我无一例外都要拍照留存（也曾要求学校相关部门保存海报原件）……早几年入职的同事的考卷也都完好地保存着。没有太深刻的想法，只是不想让还带着大家体温的文字很快进入垃圾堆。其实，这就是一种"在乎"。更多的话不必多说。

　　孩子需要我们欣赏！对孩子最大的不尊重就是无视，打电话不接，发信息不回，打招呼不应……缺乏儿童视角，万般傲慢，千般挑剔，百般指责……

　　我觉得，只有带着感情才能培养出有感情的人！

2022 年 4 月 17 日

培养拔尖创新人才需要勇于担当

——在清华大学拔尖创新人才选拔与培养交流座谈会上的发言

尊敬的各位领导、各位同仁：

大家好！

首先感谢清华大学和省教育考试院给我们一个汇报的机会。

厦大附中是所年轻的学校，2008 年初中招生，2009 年高中招生。2023 届是第 12 届高中。与在座的各位同仁所在的学校相比，我们仍在蹒跚学步。但早在 2009 年 11 月，在厦大附中第一级高中学生刚刚入学的时候，我就应邀参加了"清华·中学校长论坛"，在清华大学主楼的最高层，与来自全国各地重点中学的 50 余位校长一起，同清华大学的领导、学者共同探讨"在新的历史条件下，如何充分发挥中学的办学自主权、推进素质教育和基础教育体制改革的步伐"等问题。事实上，六年后的 2015 年，我校田文静同学才成为第一位考入清华的厦大附中学子。文静目前仍在清华大学攻读博士学位。今天，在清华的本科以及硕士、博士学段都有厦大附中毕业生的身影，在求真书院、致理书院、未央书院、行健书院也都会看到他们。我们为他们自豪！

办学 15 年来，我们有幸直接或间接得到清华的鼓励、支持和帮助。我查看了一下自己的通讯录，看到先后与 10 位清华的老师有过联系，而且至今大多保持联系。2019 年 7 月，我们将厦大附中暑期教师高级研修班办到了清华园，50 余位厦大附中教师在清华度过了一周愉快而难忘的学习生活。2020 年教师节，我们收到杨斌副校长代表邱勇校长、陈旭书记的来信，我们及时转发，全校师生备受鼓舞。正是由于清华、北大等众多知名高校的鼓励，在教育厅、厦门大学、漳州市教育局、漳州开发区领导的关心、指导和支持下，在兄弟学校的帮助下，厦大附中才能在高中办学短短八年即越级通过了省一级达标高中的评审，并于 2022 年 3 月成为福建省首批示范高中。15 年前的 5 月 19 日，在筹建厦大附中的关键阶段，根据时任厦门大学党委书记朱之文同志的指示，我曾到福州一中参观学习，受到李迅校长的热情接待。今天我提前一个小时到达会场第一个签到，然后走过福州一中校园的每一处和教学楼的每一层，当年参访的情景历历在目。今天我是专程来感谢福州一中的。这里我要再次感谢各位领导、各位同仁、各位朋友，谢谢大家！

2022 年 12 月 25 日，我收到了清华大学丘成桐数学科学中心的公号文章《一张 2022 年的成绩单》，从中我欣喜地看到获得"求真"一等奖学金的 16 位同学中有许福临、陈宇浩两位厦大附中毕业生。他俩均为高二提前一年考入清华大学丘成桐数学英才班的，福临是 2019 级，宇浩是 2021 级。福临在大三即保研直博，现在是求真书院学生党支部书记。他大一即入选清华"思源计划"，不久前赴法国、意大利参加社会实践。今天，他随同比尔·卡尔教授在复旦大学参加为期四天的学术研讨会。2022 年 5 月 7 日，丘成桐先生做客中央电视台综合频道《开讲啦》栏目，作为只有"十万分之一的机会成为数学大师弟子"的许福临，是现场四位"好问青年"中唯一一位来自清华且是丘先生嫡亲弟子的嘉宾。福临现场问丘先生："未来我们求真书院的学生能够成为像您一样伟大的数学家吗？"丘先生回答："我相信我们书院里边每个学生都会成为一个很好的数学家。至于成为一个世界顶尖的大师，你要花更多的功夫慢慢磨炼自己。从你年轻开始就能够持之以恒，我想你成为世界一流的大师应当没有问题！"这是对"福临们"的鼓励，也是对我们的鞭策。

有一件趣事值得与在座各位分享。福临随丘先生做客央视后，《闽南日报》记者联系我想采访福临在清华的学习生活。我不想打搅福临，便对记者说，这种"十万里挑一"的"别人家的孩子"的学习经验没什么借鉴价值，他们不学就会，别人抄都抄不过他们。我有个建议，福临在大一那个父亲节给父亲写了一封信倒是值得报道。我们学不过、考不过清华学霸，但感恩、孝顺可以不输给他们。这封信是福临亲笔书写的，字也很漂亮，报纸只需要将图片登出来即可。在征得福临和他父母同意后，2022年5月19日，《闽南日报》刊发《懂得感恩的人才能走得更远》，报道了福临的学习和生活，同时刊发了这封信的图片，反响强烈。我想说的是，真正拔尖创新的人才势必要德才兼备、全面发展，培养"红色工程师"离不开正确的学校教育。

　　2009年11月11日，我从清华参加论坛回来后即酝酿探索拔尖创新人才早期发现、培养机制。12月24日，漳州市教育局下发文件批准我校举办"六年一贯制"教学实验，2010年秋季招生。两个班，80人，免中考直升本校高中，中途无淘汰。2016年，首届"六年一贯制"毕业，郑凌峰、蔡东龙考入清华。郑凌峰以一本在厦大附中就读期间正式出版的个人作品集《局外集》获得自主招生资格并最终考入清华大学文科实验班，在清华就读本科期间即参与多本古籍校注并正式出版。目前他正在攻读博士学位，在业界已崭露头角。据统计，已毕业的七届"六年一贯制"学生549人，"985"高校录取率51.18%，清华、北大录取15人。2位同学在高考中获得全市最高分。有5位同学在高一、高二即被高校提前录取，其中清华2人（许福临、陈宇浩），中科大少年班3人。2015年以来，在五大学科奥赛全国决赛中共获得15枚奖牌，其中14枚奖牌获得者是"六年一贯制"学生。同期，包括我校在内全市共获得17枚奖牌，其中金牌3枚均为我校获得。学生正式出版个人作品集14部。"六年一贯制"教学实验虽说范围小，但成效初显，对提升厦大附中教育服务能力和办学水平至关重要，为拔尖创新人才的早期发现和培养提供了一种实践模式。

　　最后，我想说拔尖创新人才的选拔和培养在理论上已经很成熟，路径也是显而易见的，现在需要的是实践，要勇于担当。十年前的2013年4月19日，我在《中国教育报》上发表《高考改革要找准逻辑原点》，提出"985"或"211"大学全额自主招生，在条件成熟的时候全面实行高校自主招生。因此，我认为，尊重学校的招生和办学自主权，主要问题一定会迎刃而解。

　　最后，祝清华大学越办越好，祝福建教育的明天更灿烂！

　　谢谢！

2023年4月22日于福州一中

附中也如我们所愿

——在漳州开发区建区 30 周年庆祝大会上的获奖感言

尊敬的各位领导、各位来宾：

大家好！感谢漳州开发区党委、管委会颁给我"特别贡献奖"！我觉得自己并无"特别贡献"，不过是执着而专注地做了一件自己应该做、喜欢做的事。我由衷地感谢各位领导，感谢漳州开发区这片热土，感谢百年招商局，感谢百年厦大，在我职业生涯的后半程给我提供了一个尽情抒写人生的舞台。我要感谢我亲爱的同事和学生，谢谢你们 15 年来的陪伴。我还要特别感谢我的妻子，你从未对我说"不"，39 年来唯有理解、信任和鼓励，这是我努力做好自己的最重要的动力。所以，我想把这个奖献给大家，也献给更多不在现场的关心、帮助、支持厦大附中发展的无数人。谢谢！

2007 年 9 月 3 日，我正式成为漳州开发区建设大军中的一员，被创业者的坚定、自信、浪漫、务实和开拓创新、奋发图强的精神感染，立志为漳州开发区的新发展奉献自己的光和热。15 年初心不改、矢志不渝。2007 年 12 月 28 日晚，我参加了在文体馆举行的漳州开发区建区 15 周年庆并作为新员工代表上台接受采访，我当众展望了厦大附中的美好未来。（今天我特别穿上了当年那套西装，打上了当年那条领带，意谓信念"衣"旧，初心不改，信心不变！）15 年倏忽而逝，漳州开发区的建设事业书写出了崭新篇章，一座宜业宜居的滨海新城崛起在厦门湾南岸。附中也如我们所愿，已从昔日寨山蝶变为美丽的城市森林校园。

今年3月3日，厦大附中被省教育厅确认为福建省首批示范高中，是首批30所示范高中当中最年轻的一所。办学14年来，已毕业和正在附中就读的学生共计10911人。他们当中的很多人已工作在各行各业的重要岗位上，成为"幸福的平凡人"。附中毕业生中的第一个博士——2013届林恩平校友刚刚获得厦门大学博士学位，即将赴哈佛大学做博士后研究。有近30位附中毕业生正在国内外知名高校攻读博士学位。今天，我们不仅能在北大、清华等高校中看到众多的附中毕业生，也能在哈佛大学、斯坦福大学、麻省理工学院等世界一流名校中看到附中学子的身影。他们和众多附中学子一样，都有一个共同的称呼——附中人，同样还有另外一个共同的称呼——漳州开发区人。

建校之初，我们确定的远景奋斗目标是，把学校建设成为一所具有文化竞争力的现代化的有特色的学校。今天，于附中人而言，"厦大附中"不仅是一所学校、一种文化，更是一种人生态度、一种生活方式。如果说一流的升学质量是看得见的"厦大附中"，那么，文化就是流淌在附中人血脉中的看不见但能触摸得到的"厦大附中"。作为一种人生态度和生活方式，"厦大附中"使附中学子不仅能在未来的人生历程中信心百倍，而且面临具体困难时游刃有余。我相信，附中学子不仅能够在今天的考场上胜出，也能在德智体美劳每个领域出彩，未来一定能成为生活的强者。

厦大附中是由政府、大学、央企合作办学的公办学校，在体制机制上具有独特的优势。体制自身就是创新的成果，并为持续创新提供了可能性。这种独特的机制是附中实现跨越发展的基本前提和关键因素之一。招商局集团、厦门大学、漳州市委和市政府，以及漳州开发区党委、管委会是附中永远的"靠山"。尤其是漳州开发区党委、管委会，对附中高看一眼，厚爱一分，十几年来在办学资金、学校建设、人才引进等方面优先安排，全力保障，充分信任，全方位支持附中快速稳健发展，是附中发展的坚强后盾。

作为亲历者，我见证了这些年来漳州开发区建设发展的日新月异。多年来，漳州开发区坚定不移保障和改善民生，着力解决群众"急难愁盼"问题，不断将发展成果转化为民生福祉，让广大群众深切受益。特别是教育事业方面的蓬勃发展，更是让普通百姓的幸福指数节节攀升。作为一名漳州开发区人，我由衷地为30年取得的成就感到骄傲。

我相信在各级领导的关心指导下，在社会各界的支持帮助下，全体附中人继续拼搏进取、守正创新，附中的明天一定更美好！最后，祝开发区明天更辉煌！祝各位领导和来宾新年快乐，万事如意！

谢谢大家！

2022 年 12 月 28 日

创建即创业，示范即规范

——厦大附中 15 年

厦门大学附属实验中学由漳州招商局经济技术开发区和厦门大学联合创办于 2007 年，行政隶属于漳州开发区。2007 年 12 月 14 日被确定为建校日，至今走过 15 年。2008 年秋季初中招生，2009 年高中招生。2011 届、2012 届分别是初、高中首届。至 2022 届，初中毕业 12 届，高中毕业 11 届。目前有行政班 77 个，其中高中 31 个，初中 46 个，在校学生 3711 人，教职工 273 人，后勤社会化服务人员 110 人。学校占地面积 278.43 亩，现有建筑面积 95500 平方米，设施设备完善，办学条件优良。

在首批 30 所示范高中当中，厦大附中的创建之路是独一无二的。首先，她是一所新建学校。到 2017 年秋季示范高中建设学校遴选启动时，高中招生才八年，只有 6 届毕业生。首批示范高中的其他 29 所学校，最年轻的也是 1981 年建校，另有 4 所学校是 20 世纪 50 年代创建，其他24 所学校均为新中国成立前创立，多为百年名校。其次，其他所有学校均为命名较早的省一级达标高中，且多为各地市的龙头学校，而厦大附中隶属于行政职能尚不完善的漳州开发区，三级达标高中命名刚过三年。因此可以说，于绝大多数兄弟学校而言，创建示范高中不过是一次新的发展，但对厦大附中而言，创建是生长，是成长，是开天辟地的大事。

厦大附中创校第一天就是创建第一天。15 年来我们始终不渝，培育了"拼搏进取，守正创新"的创建精神，这也是厦大附中的创业精神，是对校训"自强不息，止于至善"最生动的诠释。所以我们认为，创建是厦大附中发展最重要的推动力，创建即创业，示范即规范。总结回顾省一级达标高中、省示范高中的创建之路，不仅是为了永远铭记"初心"，重温奋斗之美，更是为未来发展积蓄力量。

第一部分：回望——省一级达标高中、省示范高中创建里程碑

1. 设置完中。2008 年 4 月 21 日，漳州市人民政府发布文件漳政综〔2008〕53 号《漳州市人民政府关于厦门大学附属实验中学设置为完全中学（筹建）的批复》。2008 年 9 月 1 日正式揭牌开学上课。全校仅有初一 6 个班级 249 名学生，教职工 21 人。

2. 高中试招生。2009 年 3 月 11 日，漳州市教育局发布文件漳教中〔2009〕55 号《关于同意厦门大学附属实验中学高中试招生的批复》。2009 年 9 月 1 日高中招生开学，设高一 7 个班，高一学生 333 名。

3. 高中登记注册。2009 年 12 月 7 日（12 月 14 日印发），福建省教育厅发布文件闽教基〔2009〕74 号《福建省教育厅关于同意厦门大学附属实验中学等 3 所学校高中登记注册的通知》。

4. 设立"六年一贯制"教学实验班。2009 年 12 月 24 日，漳州市教育局发布文件漳教中〔2009〕259 号《关于同意厦门大学附属实验中学举办"六年一贯制"教学实验班的批复》。2010 年秋季招生，面向漳州全市自主选拔初一学生，80 人编为两个班。我校"中学'六年一贯制'创新型后备人才的培养"曾列入省教育改革试点项目，并归口省属管理。"六年一贯制"招生十年，2020 年停止面向全市招生。

5. 设立海峡部台生班。2011 年 3 月 31 日，漳州市教育局发布文件

漳教中〔2011〕65号文件《关于同意厦门大学附属实验中学设立国际部（海峡部）招收台湾学生班的批复》。2011年秋季招生，2015年停止招生，2017年第三届高中生毕业后停办。

6. 福建省教育改革试点项目学校。2011年4月9日，福建省人民政府办公厅文件闽政办〔2011〕83号《福建省人民政府办公厅转发省教育厅关于福建省教育改革试点总体方案的通知》。我校中学"六年一贯制"创新型后备人才培养，隶属"开展高中办学模式多样化实验，开发特色课程，探索弹性学制等方式"，列在第一类"推进素质教育改革试点"的第23项（总65项）。

7. 福建省普通高中多样化发展改革试点实验学校。2013年9月22日，福建省教育厅下发文件闽教基〔2013〕52号《关于公布普通高中多样化发展改革试点实验学校名单的通知》，全省共26所，我校入选。我校试点项目为"创设多样化教育平台，促进学生个性化发展"，"六年一贯制"实验是该项目的主要内容。该项目研究同时是中华人民共和国科学技术部课题"中小学科学探究学习与创新人才培养实验研究"的子课题。

8. 福建省三级达标高中。2014年3月18日，福建省教育厅下发文件闽教基〔2014〕19号《福建省教育厅关于确认福州城门中学等16所学校高中部为"福建省三级达标高中"的通知》，我校被正式确认为福建省三级达标高中。

9. 高中课程改革基地校。2016年12月28日（2017年1月9日印发），福建省教育厅下发文件闽教基〔2016〕71号《福建省教育厅关于公布福州一中等31所学校为首批福建省普通高中课程改革基地校的通知》，我校入选。

10. 设置高考考点。2017年10月24日，福建省高等学校招生委员会下发文件闽招委〔2017〕12号《福建省高等学校招生委员会关于同意设立漳州招商局经济技术开发区高考考区考点的批复》，我校被批准为高考标准化考点。自2018年高考开始，我校成为高考考点。

11. 福建省一级达标高中。2018年6月15日，福建省教育厅下发文件闽教基〔2018〕39号《福建省教育厅关于公布省一级达标高中首轮复查结果的通知》，我校入选。

12. 福建省首批示范性普通高中建设学校。2018年12月29日，福建省教育厅下发文件闽教基〔2018〕101号《福建省教育厅关于公布福建省首批示范性普通高中建设学校名单的通知》，全省共有44所高中在列，我校入选。

13. 省级示范高中培育建设正式启动。2019年1月18—19日，省级示范性高中培育及2019届全省高中毕业班教学工作培训班在厦大附中举办，标志示范高中培育建设正式启动。

14. 福建省示范性普通高中公示。2022年2月10日，省教育厅网站发布公示，拟确认全省30所高中为福建省首批示范高中，我校入选。

15. 福建省示范性普通高中。2022年3月3日，福建省教育厅下发文件闽教基〔2022〕6号《福建省教育厅关于公布福建省首批示范性普通高中建设评估结果的通知》，我校正式成为福建省首批示范高中，全省共30所。

从2009年秋季高中招生到2022年3月被正式确认为省示范高中，历时12年半。

第二部分：跋涉——拼搏进取，守正创新

一、提高认识，奋力争先

《福建省教育厅关于印发〈福建省达标高中评估办法（修订）〉的通知》指出："普通高中达标评估是对学校办学实力的综合评价，重在促进广大学校落实立德树人根本任务，提高全体学生核心素养。""建立实施

高中达标评估机制，是推动普通高中提高办学水平和教育质量、全面实施素质教育、落实立德树人根本任务的一项重要举措。"我们认为，积极创建达标高中，既有利于学校内涵发展，也有利于调动地方政府兴办教育的积极性。

厦大附中建校伊始即确定按省一级达标高中标准建设学校。这是一个非常重要的定位。2007年11月16日，《厦门大学附属实验中学四年发展规划（2007.11—2011.6）》（简称"2007版规划"）通过专家评审。2007版规划确定了学校的近期（十年）发展目标："根据福建省教育厅文件《福建省达标高中评估办法（试行）》（闽教基〔2007〕42号）规定，尽可能用十年时间建成省一级达标高中。据此规定，2012年实现三级达标，2015年实现二级达标，2018年实现一级达标，2023年前建成示范高中。争取在上级领导的支持下，调动各方面的积极因素，只争朝夕，短期内打出特色，创出名牌，实现跨越式发展。"可以说，从办学的第一天起，我们就确立了创建省一级达标高中的奋斗目标。《厦门大学附属实验中学五年发展规划（2011—2015）》（简称"2011版规划"）、《厦门大学附属实验中学"十三五"发展规划》（简称"2015版规划"）、《厦门大学附属实验中学"十四五"发展规划》（简称"2020版规划"）均围绕创建目标制订，学校远景发展目标的确定也建立在创建省一级达标高中、省示范高中的基础上。

但是，按照文件规定，"晋级达标须逐级申请"。据此，我校最快也要到2023年才有可能晋级一级达标高中。

在不能确定能否越级晋升的情况下，我们作好了按部就班创建的准备。2012届第一届高中学生毕业后，学校即紧锣密鼓地冲刺省三级达标高中的评估。2013年10月，在两届学生毕业后，我们即通过了省三级达标高中的现场评估，2014年3月被教育厅正式确认。此后，我们一方面继续按一级达标高中的标准开展创建工作，并积极创造条件，争取越级申报；另一方面，主动做好创建省二级达标高中的迎评工作。按常规时序，我们最快要到 2017 年才能参评省二级达标高中。

这期间，我们一直在积极争取越级晋升一级达标高中，扎实做好两个方面的工作。一是严格按照《福建省达标高中评估办法（试行）》管理学校。主要目标和基本要求是，凡属于学校和教师个人方面的考评项目必须做到一分不失，也就是说软件不失分。硬件，包括办学条件、师资队伍在内，要争取政府投入和政策到位，尽量少失分。最终，在一级达标高中评审中，我们失分的是体育场馆建设和师资配置两个方面。我们实现了"软件不失分"的目标。二是我们既踊跃参与省级层面的教育教学改革，又通过各种渠道经常向上级领导表达我们的愿望。我校是省教育改革试点项目学校、省普通高中多样化办学试点学校、省首批课程改革基地学校，在几届教师教学技能大赛和各类优课比赛中均取得优良成绩。高考成绩和奥赛成绩异军突起，进入全省先进行列。上级领导和同行逐渐了解并认可我们。厦门大学还专门就我校越级晋升给省厅去函，得到教育厅更多关注。可以说，各方面条件逐渐具备。

2017 年 8 月 16 日，省教育厅印发《〈福建省达标高中评估办法（修订）〉》（闽教基〔2017〕35 号），要求按新的标准开展新一轮省级达标高中的创建工作，并组织对原有达标高中的复查工作。文件指出："入选省级高中课改基地校的，可在一级达标高中申报年或复查年直接申报一级达标。"我校于 2016 年 12 月入选福建省首批高中课程改革基地校（全省共 31 所），因此具备了直接申报一级达标高中的资格。这就是所谓的机会总是留给有准备的人。

接到通知后，学校立即召开干部会议，统一认识，完善组织机构，启动迎评工作。2017 年 8 月 25 日召开全校教职工大会进行创建再动员，并将《福建省达标高中评估办法（修订）》印发给全体教职工。8 月27 日，邀请专家到校为全体教职工解读《福建省达标高中评估标准（修订）》。9 月初，学校组织人员分组按标准进行了严格的自评。根据自评情况，我们认为初步具备了申报一级达标高中的条件，并将存在的问题上报至漳州开发区教育局，希望提请开发区管委会召开专题会议研究解决。11月3日，省教育厅印发《关于遴选培育福建省示范性普通高中建设学校的通知》，我们立即组织学习并积极准备申报。11月7日，漳州市教育局研究决定推荐包括我校在内的5所高中为此次申报对象。11月13日，学校再次召开全体教职工大会进行部署。11月15日，开发区党委委员、管委会副主任刘永祥主持召开专题会议研究我校申报省一级达标高中和省示范高中项目校工作。11月16日，开发区党委书记、管委会主任丁勇主持召开主任办公会议，同意我校立即申报省一级达标高中和省示范高中建设学校，一次性追加经费预算305万元用于软硬件补缺。市级初评后，我们当晚即召开行政会研究整改并逐一落实。可以说，我们是在恒久憧憬、不懈努力、高度的紧张兴奋和无比期待中，迎来最终的评估。

二、始终对标，重在平时

为了稳妥推进，我们本来没有打算2017年参评。2017年8月份接到省厅文件后，我们一方面组织学习，另一方面严格自评，认为初步具备条件。为了能够高分通过，我们打算用一年时间认真打磨软件，完善硬件，准备2018年下半年申报（文件指出，偶数年申报一级），2019年上半年迎接现场评估。但在我们的请示尚未得到管委会批复时，11月7日，市教育局决定推荐我校申报省示范高中建设项目校，我们只好改变计划。所以，在市级专家组12月4日莅临学校评估前，我们只有20天的准备时间。如果没有平时的扎实工作和长期的准备，20天时间连材料汇总都来不及。总结起来，我们有四点体会。

（一）领导带头，全员参与

在厦大附中，《福建省达标高中评估办法（修订）》是全体教职工的

"案头书"，是制订学校规划、年度和学期工作计划的重要依据。领导带头，就是指属于领导个人的考评项目必须做到高质量完成。譬如上课、听评课、课题研究、论文和著作发表等。那3年里，我个人就发表了100多篇论文，出版2部专著，起到了很好的带头作用。全员参与是指全体教职工不仅要对"评估办法"应知应会，了解各自的任务，而且能够熟练运用于日常教育教学工作中，成为个人专业成长的重要指南，并由此逐渐养成专业发展的自觉性。2017年12月28日，省一级达标高中专家组现场评估，我们没有兴师动众，直接参与的人不到20%，整个学校仍处于平时那种平稳而又平和的状态，但每位老师包括初中教师都自觉作了认真准备，确保能够拿出最好的教案、听课本，并能呈现出一堂精彩的课来。课堂教学一项最易失分，随机性和变数很大，一个人就代表了一所学校，必须切实做到全员参与。我们最终不仅没有失分，而且因为受到好评无形中又增加了许多好感。

（二）重在平时，首在落实

要将《福建省达标高中评估办法（修订）》落实到每一天的具体工作中。示范即规范，规范办学的过程就是示范创建的过程。创建重在平时，功夫体现在每一天。我校一直坚持全面落实课程标准，课程计划基本得到落实，音体美学科选课走班已经开展了6年，校本选修课开设了5年，信息技术和通用技术课一直坚持开设，综合实践活动和综合素质评价基本得到落实。高三体育课一直上到高考前几天才停课。我们认为，只要师资和办学条件具备，全面落实课程计划与提高升学质量之间并不矛盾。我们之所以还有点差距，主要与师资力量欠缺有关。人力资源都倾斜到高考学科上去了。好在我们一直重视这方面工作，因为我们的办学理念与《福建省达标高中评估办法（修订）》相吻合，迎评水到渠成，材料汇总得心应手。创建工作是长期工作，要每学期一总结，及时找到差距才能迎头赶上。

（三）重点攻关，不留死角

《福建省达标高中评估办法（修订）》的部分条款是高于日常工作要求的，对绝大多数学校而言都要经过一番特别的努力才能达到。

硬件包括基建和设施设备必须争取政府支持。在外界看来，厦大附中的硬件肯定没有问题，但其实大家不知道，每一分钱的得来和每一个项目的建设都要费尽口舌，而这其中最重要的推动力是创建工作。创建工作不仅鞭策我们自己，某种程度上也是我们争取上级支持的"尚方宝剑"。直到评估前我们还不得不争取305万资金用于增加图书、实验设备，改建校园电视台和生物标本室等。如果没有创建，厦大附中不可能发展到今天这个样子。

师资队伍建设一直是我校的重点工作，也是面临困难最多的工作。众所周知，整个漳州开发区公办学校的教师编制问题一直悬而未决。一方面，是教师最关心的、涉及每位教师切身利益的事业单位编制问题得不到及时解决；另一方面，学校又要抓住一切机遇加快发展，怎么办？我们还是借助和依靠创建工作来推动：一是通过提高待遇来稳定队伍，二是多番呼吁推进教师入编工作。同时，号召全校教师同心同德，用一流的业绩赢得上级领导和社会各界的重视。

在名师和骨干教师培养、省级课题研究、教师专业成长、学校特色发展等方面，我们都采取了重点攻关的办法。

（四）全面对标，突出亮点

建校十年，办学九年，高中招生八年，毕业六届学生，我们始终沿着创建省一级达标高中之路前行，取得了良好成效。学校教育服务水平稳步提升，文化竞争力、知名度、美誉度显著提高，区域影响力进一步扩大。高考本一达线率2016年、2017年连续两年超过82%，本科达线率一直接近100%。2014年以来，连续四年有学生考入北大、清华，共有 6 位学生进入北大、清华深造，有 2 位同学考进中科大少年班。2015
年至 2017 年，共获得奥赛省奖 129 个，其中数、理、化、生四科奥赛
省一等奖 21 个，国家金牌 1 枚、银牌 3 枚、铜牌 1 枚。三年里，学生
在公开刊物上发表文章 300 余篇，仅 2017 年就发表了 178 篇。教师公
开发表论文 276 篇，出版专著 4 部，获奖论文 57 篇。

在此基础上，我们的一些工作亮点也得到了专家组的好评。

1. 确立了卓有成效的教育行动指南：培育一流的教育服务品质，用
合适的教育办学生喜欢的学校。以学生成长为核心，建立并不断优化教
育服务体系，确立以"服务品质"为核心的评价体系。将"办学生喜欢
的学校"作为学校的发展目标。"教育无非服务"的理念深入人心，将教
育服务做到了极致，做出了特色，具有一定的影响力。

2. 校园写作氛围浓厚，学生公开发表作品成为风气，文学教育成效
显著。在先后制订的三个发展规划中，一直强调"充分重视校园写作，
力求形成氛围和特色，促进学生具备突出的写作能力"。将"具备突出的
写作能力"作为学生的发展目标之一。

3. 在艺体学科和校本课程走班选修方面积累了丰富经验。

4. 形成了以和谐的师生关系为核心的和美的校园文化。

5. 教师的职业专注力和专业进取心明显增强，课程和教科研意识强，
课堂效率高，教研成果丰硕。

6. 学生的自主选择权、校园生活自治权得到充分保障，课余生活丰
富多彩，特长得到发展，个性得到张扬，创新潜质得到释放，寄宿制学
校优势凸显。

7. 学校管理规范不断创新，教风正，学风浓，办学理念科学，发展
目标清晰，形成了特有的教育观、教师观、学生观、课堂观、质量观、
文化观、活动观、环境观，整体办学质量优质。

8. 校园、校舍、教学设施设备等办学条件优于省一级达标高中标准，
一所服务型校园基本建成。

三、临门一脚，格外重要

有评估就一定有"迎评"，"素评"只是传说。临阵磨枪，不快也光。平时准备得再好，临门一脚踢不到关键点，必定事倍功半。

（一）评委视角，贯彻始终

从技术层面来讲，完美无缺的学校最好评估，评委不需要绞尽脑汁地权衡。因此，从心理上说，评委不会为难参评学校，能给分的一定会给分。所以，材料准备一定要遵照评委视角，最大限度地做到人性化，紧扣评估标准。要使72个得分点，点点得到落实。材料风格要一致，层次要清晰，要一目了然。材料不在多而在精，要能说明问题。我做过省级评估组的成员，也担任过专家组组长，这方面的体会是真切而深刻的。

（二）坚持原创，切勿抄袭

这次有一些传统名校问题就出在申报材料上。有专家说某些学校的材料到了"无一字不抄袭，无一字是原创"的地步，确实不像话。我们学校的《示范高中建设总体规划》就是我自己执笔的，11268个字都是经过我自己思考的。六大重点任务建设方案都在总体规划的基础上制订，我都要一一过目。上报前都经过技术查重，确保不出问题。创建工作汇报稿是我自己起草的，PPT也是我自己做的，所以能做到宏观准确把握和微观精准引导。

（三）态度谦卑，积极配合

在接受评委的质询、与评委互动时，要谦虚谨慎，诚恳听取指导。不要固执己见，动辄争辩。对确实存在的问题要实事求是加以解释，以期得到谅解。对评委提出的要求及时回应，对评委提出的建议认真采纳。譬如我校在执行省颁课程计划方面仍然存在瑕疵，特别是研究性学习在课表上体现不完整，我们一方面如实汇报，另一方面临时也对课表作了调整，表明了我们整改的态度。还有学生体质健康标准的优秀率不达标等，我们都作了如实汇报，准备扣分。后来因为"评估标准"做了实事求是的调整才得以免于扣分。

我校于 12 月 28 日接受现场评估，29 日下午集中反馈，30 日是元旦假期。送走评委后，我立即开始整理专家组的反馈录音。整个元旦假期我加班加点做了三件事：一是整理录音，形成文字稿；二是据此向管委会写了一份《关于厦大附中省级示范高中建设学校立项暨省一级达标高中评估的情况汇报》；三是写了一封《不忘初心，继续前进——致全体附中人》的公开信。1 月 2 日假后上班的第一天上午，开发区党委召开例会，首先研究的就是这份临时递交的情况汇报。开发区领导不仅对我们的工作予以肯定，同时又针对专家提出的问题，帮助学校解决了很多困难。我为什么要自己动手整理录音、起草报告？一方面，是想让连续加班一个多月的同事们休息一下；另一方面，我觉得有必要全面深入了解专家组提出的意见和建议，以利于今后工作。毕竟创建成功自身不是目的，重要的是学校通过创建得到更好的发展。可以说，整理录音这件事绝大多数校长不会亲为。之前的 12 月 4 日，市级专家组进行现场评估，傍晚离开后，我们当即召开行政会，落实整改意见。我经常说，我当校长，晚上坚决不开会，既不开老师的会，也不开干部的会，除非遇到"打仗"。那天晚上我们第一次开了会，我开玩笑地说，我们进入了"战时状态"，因为时间太紧，必须趁热打铁。

（四）关注信息，及时整改

这次评估中我校情况相对特殊，申报一级达标高中只有我们一家，而且是多年来没有的越级申报，其他学校都是一级复查。同时，这次是将复查和遴选示范高中建设项目校结合在一起，参与学校之多、延续时间之长前所未有。所以，关注信息非常重要。譬如迎检纸质材料的准备、申报材料查重、信息技术和课堂教学融合、办学特色提炼和材料准备等方面，我们之前基本没准备或准备不充分。得到信息后，我们立即整改，最终都得到较高评价。

在市级评估后、省级评估前，省厅对漳州台投区双十分校等校申报省二级达标高中进行现场评估，我参加了双十分校的现场评估反馈会，获得了很多之前未能掌握的信息，譬如图书馆的信息化提升问题、学校图书馆与政府公共图书馆信息联通和资源共享问题。反馈会结束后我立即返校，午饭前就召开行政会研究，最终解决了问题。在专家组完成对厦门实验中学的评估后，我又邀请了其中几位比较熟悉的专家顺便莅临厦大附中指导。他们在图书馆管理、信息技术和智慧校园建设、实验教学等方面给予了很好的指导，我们因此在原有的基础上都有较大提升。

（五）重点引导，主动汇报

在展现办学特色和呈现亮点时，学校要有意识引导，要将特色和亮点讲透彻，要高度重视留给评委的第一印象。按工作计划，这次复评不安排汇报，专家组一开始也不准备听取我们汇报。而我们希望有汇报这个环节，因为有些鲜活的东西在材料里易被忽略，我们希望将最好的东西展现出来。所以我们争取汇报，提出我们是创建评估不是复评，按规定应该要汇报一下。最后专家组采纳了我们的意见，听取了我半个小时的创建工作情况汇报。我们通过汇报引导专家理解我们的工作也非常重要。譬如办学特色"校园写作，润泽生命"这一项，市评估组给了我们中准分，我们觉得这一项我们还是说得过去的，应该可以得满分。后来我们又根据专家组的评估细则重新整理材料，现场反复汇报，最后得到专家组的认可。譬如校园环境，校园内有一段道路毁损较严重，我们主动如实汇报，因为校园一直在建设，重车损坏了道路，但因为马上又要建体育馆，所以想等到基建全部完成后再统一做沥青道路。譬如校园文化，我们学校的墙壁文化比较少，这与我们的文化观有关，我们也主动汇报。虽然专家组最后建议我们要适当布置，但对我们的文化主张也很赞同。还有师生的精神面貌，如何体现？不仅工作人员要做到热情得体，我们还专门将评委往人多的地方带，让他们直接感受。在教室听课，在操场观摩，在食堂就餐，评委们无不为附中师生阳光灿烂、昂扬向上的精神风貌所感染。

第三部分：收获——创建即创业，示范即规范

厦大附中建校伊始即确定按省一级达标高中标准建设学校，这是一个非常重要的定位。积极创建达标高中，既有利于学校内涵发展、质量提升，也有利于调动各个方面特别是地方政府兴办教育的积极性，进而促进学校优质跨越发展。作为首批省示范高中当中最年轻的学校，厦大附中积极创建达标高中既是引领我们前进的旗帜，也是鞭策我们奋进的动力。厦大附中创校第一天就是创建第一天。所以我们认为，创建即创业，示范即规范，创建征途上我们培育出了"拼搏进取，守正创新"的创业精神。这种精神不仅使我们得以如期完成创建任务，更重要的是为学校未来发展积蓄了强大的动力。创校创建以来，我们在以下十个方面进行了不懈探索和实践，获得了一些需要进一步实践完善、继承并发扬光大的治校办学体会。

一、特殊的办学机制

厦大附中是我省唯一一所由政府、大学、央企合作办学的公办学校，其办学主体是漳州开发区管委会（地方政府）、厦门大学（重点高校）、招商局集团（中央企业），在体制机制上具有独特的优势。政府保证规范办学，大学保证办学高定位，央企保证办学高投入。体制自身就是创新的成果，并为持续创新提供了可能性。这种独特的机制是厦大附中实现

跨越发展的基本前提和关键因素之一。

二、前瞻的科学规划

创办伊始即对标省一级达标高中、省示范高中办学标准制订发展规划。规划是蓝图也是重要的推动力。制订学校发展规划是否重要见仁见智，但厦大附中是完全按规划建设发展的，足见规划的重要性。以下是厦大附中办学以来制订的四版规划：《厦门大学附属实验中学四年发展规划（2007.11—2011.6）》《厦门大学附属实验中学五年发展规划（2011—2015）》《厦门大学附属实验中学"十三五"发展规划》《厦门大学附属实验中学"十四五"发展规划》。

四版规划都是围绕创建省一级达标高中、省示范高中制订的。我们的方向非常明确，我们的目标非常清晰。

三、执着的理想追求

坚持规范办学不走偏，坚持跨越发展不动摇。不向困难低头，不向阻力认输，拼搏进取，一刻不怠。厦大附中之所以能够在高中办学只有短短的八年时间、三级达标刚过三年就能够成功创建省一级达标高中，接着又成功创建省示范高中，就我们自身而言，是因为我们在每一个环节都没有犯太大错误，在一切可能存在机会的时候都抓住了机会。敢想他人不敢想的事，敢为他人不敢为的事。谋事在人，成事也在人。我们一直在努力，面对困难从未退却。

四、自强的发展思路

坚持内涵发展、质量兴校，强实力，走正道，做更好的自己。靠天靠地不如靠自己！该要的得要，但不等不靠，错失时机谁也帮不了我们，时过境迁"要"来了也无济于事。

五、踏实的工作作风

规范，对标，不投机，守正创新。机会主义即便存在胜算的概率，但放到历史长河中最终还是会失掉已有的成果。在投机分子大行其道的时候，"守正"尤为重要！

六、一流的服务品质

在硬件投入、师资队伍建设和文化（办学理念、育人目标、制度建设以及课程提供等）影响力培育等方面，坚持较高标准。培育一流的服务品质是我们通过创建推动学校优质跨越发展的重要发力点。发力点错位则徒耗气力、劳而无功。

七、较好的办学业绩

德智体美劳"五育"并举，有较高的办学质量。特别是中高考质量和高中学科竞赛、办学特色培育等关键指标进入全省先进学校行列。质量是根本！没有质量是办不成学生喜欢的学校的！因此，千变万变，追求质量不变；千改万改，影响质量不改！

八、特有的文化魅力

坚持用文化的力量推动学校健康发展。"教育无非服务"的理念深入人心。以学生健康成长为核心，以服务为行动指南，以培育文化竞争力为目标，力求文化立校。坚持培育一流的教育服务品质，用合适的教育办学生喜欢的学校。坚持干部服务群众，行政服务教学，全校服务课堂，全员服务学生。文化影响力初步形成。

九、有利的外部环境

创校以来，得到漳州市政府、厦门大学、招商局集团、漳州开发区管委会及相关部门的大力支持，得到省教育厅领导及相关职能部门、漳州市教育局领导及相关职能部门的关心、指导和支持，得到龙海区教育局、龙海区港尾中学等社会各界的关心和支持。我们始终以积极的姿态参与到福建教育的发展当中。自 2018 年省示范高中培育建设启动以来，我校先后五次在省级会议上交流发言，受到了领导和同行的好评。2019年 1 月 18—19 日，省教育厅在厦大附中举办省级示范性高中培育建设及 2019 届高中毕业班教学工作培训班，这就是对我们最大的鼓励、支持和鞭策。2022 年 4 月 22 日下午，省教育厅召开全省示范高中建设推进会，总结第一轮示范高中建设工作，启动新一轮示范高中建设，我校作为首批示范高中的唯一代表在会上交流发言。积极融入，主动担当，外部环境的有利因素才能为我所用，我们才有可能在服务他人中成长自己。

十、良好的学校形象

和一个人一样，学校也要有不凡的精神气象。我们一直在努力塑造自己的形象。我们希望厦大附中的样子是：幸福快乐的诗意校园，独具魅力的校园文化，轻松和美的人际关系，昂扬向上的精神面貌，拼搏进取的奋斗姿态，开放包容的胸怀格局，谦恭低调的君子风度，自强不息的底蕴积累，大气朴素的校园环境，守正创新的从容姿态……

什么叫创建，就是将学校建成我们希望的样子——这就是创业！

什么叫示范，就是将学校建成她们应有的样子——正所谓规范！

创建永远在路上，办学生喜欢的学校永远在路上，我们永远努力……

示范高中是航船，不是彼岸。厦大附中的远景奋斗目标是，把学校建设成一所具有文化竞争力的现代化的有特色的学校。厦大附中的发展愿景是，办所有学生永远喜欢的学校。一切皆有可能！"不可能"成为"可能"的精神密码就是拼搏进取、守正创新，就是自强不息、止于至善的校训精神。建校 15 年来，我们始终拼搏进取、守正创新，这是学校优质快速发展的根本所在，必须长期坚持。三年示范期（2022—2024 年）尤要不懈怠、不停步，对标"国际知名、国内一流"要求，力争以更优异的办学业绩，确保实现"国内知名、省内领先"的发展目标。发展永远在路上，进步永远在路上！

拼搏，进取，守正，创新——每个词语背后都有附中人的深刻思考和实践诠释。它们不仅是一所学校进步的精神力量，也必然是其中每个成员的精神底色和文化基因。这种精神和文化融入我们的血液后就成了我们的生活方式。厦大附中是中华大地上 50 余万所学校中的普通一所，别的学校存在的问题我们都有，我们只是在遵循"普遍价值观"的前提下努力实现教育对人的起码尊重。然而，仅仅因为"对人的起码尊重"就使我们在学校教育的诸多环节有别于很多学校。面对很多习以为常、司空见惯的事情和做法，我们已养成独立思考的习惯：厦大附中应该怎么做？厦大附中人应该怎么做？从这个角度而言，厦大附中确实是一所不一样的学校。

第四部分：我们的教育哲学——教育无非服务

厦大附中是一所具有坚定文化追求的学校。建校 15 年来，我们一直坚持不懈地探求一种合适的教育哲学，努力用一流的教育服务品质办学生喜欢的学校，通过人道的应试努力让教育尊重生命，以奋斗成就幸福的平凡人。在厦大附中，最重要的管理是文化价值观的管理，最有效的管理力量是文化力量。文化价值观来自我们的办学实践，同时又推动学校更好更快发展。

厦大附中的核心教育主张是：

1. 教育无非服务。

2. 办学生喜欢的学校。

3. 让教育更加尊重生命。

4. 实施人道的应试。

5. 教育不相信奇迹。

6. 做幸福的平凡人。

厦大附中观点 40 条：

1. 厦大附中是一所学校，也是一种文化，更是一种人生态度和一种生活方式。如果说厦大附中是一种人生态度，这个态度就是指做幸福的平凡人；如果说厦大附中是一种生活方式，这种生活方式就是拼搏进取、守正创新。

2. 培育一流的教育服务品质，用合适的教育办学生喜欢的学校。办学生喜欢的学校，其实也是办家长信任、社会认可的学校。学校因学生而存在，附中因学生而美丽。一流学校最突出的标志是要不断涌现一流人才。

3. 教育无非服务，服务是一种信仰。干部服务群众，行政服务教学，全校服务课堂，全员服务学生。"马上就办"就是一流服务。服务的意识应当刻进骨髓，如果我们倦于服务就一定会退步。我们做的是有原则的服务，而非无原则地迎合。

4. 要努力避免"供需错配"的现象发生。让学生在附中能够获得他所需要的。不仅学生需要的我们能提供，而且要用我们能提供的引导学生需要。只有当每一位学生的价值选择都得到充分尊重，每一位学生的人生理想都有腾飞的平台，这样的教育服务品质才能算一流。

5. 校园让人更美好，让教育更加尊重生命。在遵循普遍价值观的前提下实现教育对人的起码尊重。要从学生的脸上读懂生命的价值，要敬畏生命。

6. 实施人道的应试。学校要关注学生的现实快乐，要努力让学生免于恐惧。将自由成长的空间还给学生。让学生过稍稍有一点诗意的校园生活。淘汰和选拔是社会用人的基本手段，但不是人生幸福或苦难的分水岭。

7. 教育不相信奇迹。尊重教育常识，尊重学生选择。教育并帮助学生用好手中的选择权或许是教育的题中应有之义。同样是刻苦学习，同样是头悬梁锥刺股，格局有大小，气度也有大小，我们要做格局和气度大的人。

8. 做幸福的平凡人。幸福是一种智慧，也是一种能力。人性美是创造幸福人生的动力。生活绝非战斗，不是每时每刻都充满着竞争。有一份淡定，多一份平和，做幸福的平凡人，也许正是生活幸福之要义。

9. 今天做合格学生，明天做优秀公民。尊重规则是做人底线。对制度的态度也是一种文化，而对制度的敬畏是最严肃的文化。

10. 品德是人的第一智慧。德育的理想境界：利他行为的审美化。小才成大才，中间不仅隔着时间、阅历、知识、能力，还隔着品德、智慧、胸襟、格局。而品德、智慧、胸襟、格局是不能等到未来再养成的，应该从小培养。

11. 师德乃为师之道，善良乃为师之根本。宽柔以教。挚爱是优秀教师的核心素养，"师生关系学"是优秀教师的必修课。最严校规减少学生成长机会。做个严师不难，难的是做一个学生喜欢而又称职的教师。一所好的学校应当是"名师"辈出，但惠及全体学生的绝不能只靠那些"名师"。有没有"名师"不重要，重要的是我们的老师学生喜欢不喜欢。

让一个人用你希望的样子喜欢你，除了用真诚的帮助没有更好的办法。师生都要时刻想着尽量成为彼此欣赏、彼此喜欢的人，这不仅要克己，而且要求将利他行为审美化。

12. 教师生活在学生中。有一种爱叫尊重，有一种好教育叫陪伴。附中之美，美在崇高，美在教师的德性，美在教师崇高的责任感。不必担心一时的"纵容"会使学生一辈子黑白颠倒、是非混淆。

13. "我"即文化。人是校园文化建设的核心，文化应使学校更像学校，更多的时候我们要靠积极的校园文化来引导学生。教师不过是引路人，路是学生自己走出来的。在多元文化大潮中，我们要立志做继承中华优秀传统文化精髓、具有现代人格和精神的品德高尚的人。文化传承离不开教育，文化就是直接或间接的教育。

14. 我们很容易将高考与应试教育画等号，在向高考致敬的时候不自觉地也向应试教育致敬。这是非常危险的，也是极不明智的。

15. 提高教学质量首在课堂，其次还是在课堂。将课堂教学模式教条化，教改就会走样。补习班里"补"不出优秀学生。最好的教师应当将学生作为学习的主体，启发诱导，因材施教；最好的模式应当是适合课堂上"这群"学生的模式，而非舶来的固定模式。

16. 积极的人生态度应该成为一种信仰。从最实用主义的角度来看，健康而有滋味地活着比什么都实用。生命本无意义，但活着生命就有意义，活得精彩便有大意义。充满兴趣的人生就是有滋味的人生。

17. 素质为本，多元发展。人类的好奇心是非常宝贵的，遏制人类的好奇心是不人道的。对什么都不感兴趣是个危险的信号。一切促进人的全面和谐发展的教育都是有用的。未来社会的成功者一定不是拥有知识最多的人，而是最善于运用知识的人。

18. 为了明天，拼搏今天。成长的路上，最常见的不是成功或失败，而是长时间的苦苦挣扎。付出不完全都是痛苦的，更多的可能还是快乐。

19. 假如我们已经输在起跑线上，我们一定要立志赢在终点线上。做自己能做到、能做好的事，就是一种成功。

20. 一切自己该做的事坚决自己做，一切自己能做的事努力做到自己做，一切暂时做不到而未来必定由自己做的事努力作好做的准备。

21. 我们优秀是因为我们比别人更努力。只有在今天我们做了别人想做而做不到的事，达到别人想达到而未达到的高度，我们在明天才可能拥有更多的幸福和成就。

22. 激发教师的智慧比制度建设更重要，要让学校成为师生的精神家园。管理科学化不是只要有科学手段就行。学校管理工作，从明理、顺气、鼓劲入手，做到情理交融、刚柔相济、虚实并重，就一定能较好地帮助教职工管理好自己的情绪，从而最大限度地调动大家的积极性，建设和谐校园。有效治理的保障不仅在"德"，更重要的是有一套制度。凡是能用制度管好的事都不是什么难事。

23. 学校和老师有责任让学生感受到生命的美好，感受到生活的美好，而这个起点就是"爱"。教育要告诉学生生活的真相，要教会学生生活。

24. 读书是美的。读书的态度其实就是做事的态度。人通过读书养成好的做事态度，这正是教育的目的。读书不仅是过程也应当是目的，不仅是竞争工具也应当是生活本身。

25. 口碑是最好的评价。最好的学校应该由学生来评价。只有那些从附中走出去的孩子当中有一大批人成为社会栋梁，并能为全人类作出巨大贡献时，同时，也只有在他们身上能够清晰地看到附中的教育价值观的基因并为他们本人所承认时，我们才可以说附中发现并掌握了教育的终极价值。

26. 让教育带着温度落地，安静做真实的教育。教育需要静心等待，学生成长需要款步徐行。

27. 办教育、办学校必须坚守人格尊严。学校不能重回神圣，教育改革就一定不会有出路。依法治校离不开科学和民主。安全教育要实做，更要善做。学校应当确保师生在校安全，但安全工作是用来保障教育而非取代教育。学校为改革而改革就是折腾，当下高考改革的逻辑原点应当是减轻学生过重的课业负担。

28. 我们之所以能够取得一点进步，是因为抓住了"尊重生命"这个本质，抓住了"服务"这个路径，抓住了"教师"这个关键，抓住了"质量"这个根本。退步则往往是一瞬间的事。

29. 锻造师德应当基于"善良"和"爱"，对待学生能够平等、理解、尊重、信任，为师之德就会不断提高。

30. 快乐源于专注。教师专业成长的基本路径应当是教育实践。教师要写有用的教案。优秀教师的教学质量好源自他个人的人格魅力、良好的师生关系、扎实的专业素养、一流的课堂教学水平和事事落实的教学管理。争取用最愉快的心情、最科学的方法做最优秀的班主任。

31. 教师首先是"人"，其次才是教师。人要生活在"人"当中，人只有靠人来培养。教师的生活细节往往可以构成教育资源。相信学生不仅是教师应有的涵养，也是一种潜在的教育力量。教师不可以无视学生对自己的塑造。

32. 好的家校关系就是好的教育。以德育德，教师和家长都要身体力行，相互"补台"。育人需要家校携手，而学校应积极主动地掌控好家校关系的主动权。一个人的教养的底色是家庭教育。底色出了问题，要涂抹成好的作品，则需要花费更多的气力。学校教育切勿"绑架"家长，家校纠纷，伤者无数，没有赢家。学校和家长应在相互谅解的前提下达成某种恰到好处的"共识"。

33. 教育不能无原则地一味赏识。表扬要有道理，批评要讲艺术。惩罚自然也是教育，但一定不是高明的教育。在 21 世纪的现代社会，教育者过度崇拜"压服"的思维值得警惕。

34. 没有感情的老师是可怕的。智商重要，情商更重要，情感则尤其重要。没有情感的老师很难培养出懂感情的学生来。爱是恒久的忍耐和超乎寻常的耐心。好教师不见得都有耐心，但最优秀的教师几乎都是极具耐心的。让学生产生恐惧感的教育是不人道、不高明的教育。

35.好教师要具备必要的专业知识，但只有专业知识很难成为好教师，甚至"专业因素"以外的因素更重要。在学生眼里，"好教师"的第一要素往往是公平公正，"好教师"不可能是"势利眼"。

36.扎根课堂方成名师。最好的论文要"写"进课堂，最有价值的课题研究要直面学生。"名师"首先得是优秀教师，是一个有立场、善思考、不盲从的教师。教师的成长终归要靠自己，只有自己才能成就自己。做教育不是打NBA，光靠明星教师不行。

37.更多的时候我们不能为考试而教，不能为分数而学，分数只对选拔和淘汰以及看得到的公平有意义。教育测量的一大问题是只测量那些能够测量的部分，忽略了无法测量而也许是更重要的部分，故测量的结果未必客观公正。眼中只有分数，分分计较，总是放不下，很难有大出息。为了考试的课堂和为了考试的教育与为了孩子的教育有着天壤之别，看不到这点不配做教育。

38.教育是可以塑造人的，而人道的教育是在尊重人的个性的基础上适度塑造。教育要适度，要祛除"过度"的教育。以人为本，就是要提倡适性教育与适度教育。"适性"就是让教育尊重具体人的个性，而"适度"就是受教育之外还要享受生活。

39.特色不一定是"独一无二"，"独一无二"不见得就是学校特色。特色说到底是精神和文化内涵。

40.提倡追求一流的服务水平和服务品质在现阶段的特殊意义在于，可以使教育回归其本质属性，使所有的学校都有存在的价值，使所有的教师的所有教育行为都有意义，使所有学生都能认识到接受教育的必要性、获得教育的快乐，身心在教育中得到健康成长。作为一所高定位的新建完中，不谈质量是没有现实立足点的。但我们可以选择一条更好的成长路径——提高教育服务品质。

结　语

2017 年 12 月 31 日，在省级示范高中建设学校立项暨省一级达标高中现场评估结束后，我写了《不忘初心，继续前进——致全体附中人》的公开信。我在信中说："创建附中十年我只做了一件事——做人！此言不虚！2007 年 6 月 19 日深夜，我乘坐的飞机降落在厦门高崎国际机场，那是我第一次踏上福建的土地。在举目无亲的地方能做成一点事离不开别人的帮助。一点不夸张地说，在过去十年的每一天，我都得到别人的帮助，包括你们在内；在附中发展的每个关键点，我们都得到了贵人相助，我们要铭记在心，我们要时刻感恩。十年来，我每天都记日记，我记住了所有对附中的好，包括对我们的批评，那是我们前进的力量源泉。在我的心中矗立着一座丰碑，那上面刻着许多我要终身铭记的名字和要感谢的人。我们自然是勤勉的，但如果没有别人的帮助，我们必定寸步难行。"这里我要再次感谢在厦大附中创业、创建过程中给予我们无私帮助的人们！在示范高中建设翻开新篇章的时候，在省教育厅和德旺基础教育研究院的指导和支持下，我们得以用文字记录厦大附中创业、创建 15 年，是兼具历史意义和现实意义、继往开来的大事。我们将在新的起点上继续拼搏进取、守正创新，为福建基础教育发展贡献力量。

2023 年 2 月

真爱是永恒的告白

　　5月9日下午，收到姚跃林校长的微信，告知已为即将出版的第二部演讲集《让生命因教育更幸福》写好了序言《话说完了》（其第一部演讲集《让教育更加尊重生命——姚跃林教育演讲录》的序言为《说来说去》），同时希望我能为他在编的三部书稿写一篇序。读完序言，我回复道，序肯定不敢当，顶多写篇编辑札记，放在书的后面。文字一直在构思中，我似乎有太多话说，却又担心水平不够，狗尾续貂。

　　姚校长已在大夏书系出版六部专著，在编的还有三部（《让生命因教育更幸福》《贴近学生做教育》《通向幸福的教师成长》）。记得在编辑《怎样的教育能给人带来幸福》（2022年5月出版）时，他就提过写序之事。我诚惶诚恐，犹犹豫豫，以"拖"了之。现在，他又提及为他即将出版的三部新书写个序，说我了解他的情况。书里书外，我接触的姚校长，是难得的知行合一的教育实践者。关于大夏书系的出版定位，我经历了从模糊到清晰的认知过程——打通理论与实践的阻隔，"给您一个智慧的人生"。秉持这个尺度，我理想中的大夏作者是有思想的教育实践者，他们只要把所思所做很好地表达出来，就是最好的作品。事实上，姚校长的每部作品都远超我的预期，相当出彩。这不仅得益于他能说会写，更关键的是他做得太出色了。与许多朋友聊起姚校长，我们都会由衷感慨："放眼全国，像姚校长一样安静做真实的教育的校长，少之又少！"甚至有朋友断言，姚校长退休后，中国恐难再出现像他这样的校长。我深有同感。目之所及，中国中小学的校长聪明者或精明者多矣，睿智厚道者则极少，温和高贵者更不用说了，世所罕见也。

温和厚道，几乎是姚校长给人留下的显而易见的印象。交往多年，我同时深刻感受到他的睿智高贵。能与他相遇相交，是我的福分。他的教育实践，在某种程度上稀释了我对教育的悲观，乃至建立了我的信仰。幸甚至哉！

姚校长的睿智高贵，可在以下"三无"境界中一窥全豹。

一曰，无私的境界。按词典解释，无私者，不自私也。在我看来，无私乃底线。乔布斯说："以高标准做事，底线自然就会出来。"同样，恪守底线，底气自然就来。姚校长以高标准做教育，孜孜以求"办所有学生永远喜欢的学校"，百分百地关注学生，一再呼吁关注学生的"现实快乐"，祈愿学生"做一个幸福的平凡人"。以学生为教育的全部目的，以生为本，以生为贵，贴近学生做教育，是姚校长的教育理念，也是厦大附中迷人的精神底色。品读姚校长与学生交往的一个个故事时，我常常在热泪盈眶中感受到他的"无私"：姚校长像爱自己、爱自己的亲人一样爱学生，这是一种没有差别的爱，植根于平等的尊重和真诚的关怀。此乃庄子所提"忘我""忘己"之境界。"无私"早已成为姚校长的一种坚持、一种信仰，这也就不难理解为什么他的称呼会从"校长"变为一届又一届学生口中、笔下的"老父亲"。泰戈尔认为，世界上最容易的事情是指责别人，世界上最难的事情是认识自己，世界上最伟大的事情是爱。正因为有了爱生如己的"无私"，"世界上最伟大的事情"自然而然在厦大附中演绎为一个又一个日常的奇迹时刻。

二曰，无用的境界。仿佛一夜之间，教育只剩下"卷"，而所有的"卷"仅止于成绩，更恐怖的是，所有的成绩拼命冲向唯一的成功——清北录取率。对成绩无休止地追逐，对清北率落后的恐惧与焦虑，让学校的功能紧紧套牢在"有用"的一端——应试。姚校长清醒地意识到，不能让生命沦为纯粹的应试工具，要"让教育更加尊重生命""让生命因教育更幸福"，所以他力倡"实施人道的应试""让教育稍稍有点诗意"。"人道"也罢,"诗意"也罢,在功利主义者眼中,不过是"无用"的摆设。偏偏姚校长像中了邪,对这些无用的东西情有独钟:设置学生玩滑板的运动区域;成立文学馆;每年正式出版几部学生专著;举办露天钢琴演奏活动和篝火晚会;设立校友"返校日",免费请校友回学校食堂吃饭;带学生十公里"拉练";在校园里种了2000棵树;中秋与学生一起望月……没有这些无用的东西,学校照样可以运转,照样可以出名,但因为有这些无用的东西,尤其在今天,学生的生活变得更美好,学生学会从平凡生活中看到"诗",有了一双发现美好的眼睛。泰戈尔认为人类与世界存在三种关系,即理性关系、实用关系和美的关系。由于有美的关系,人才能过上完整的幸福人生。姚校长有理想但不理想化,之所以这么执着于这些无用的东西,背后有其良苦用心!

三曰,无为的境界。姚校长在一些无用的东西上有为,甚至可以说是费尽苦心。但在其他一些事情上,姚校长的无为似乎是有意为之。比如,这么大一个学校,占地200多亩,走遍每个角落,你几乎看不到一个垃圾桶;学校办学历史不长,却早已是名声在外的省示范高中,按理说,其墙上或橱窗里应展示着各级各类的奖杯或奖牌等,怪的是,在厦大附中,你见不到此类东西,一问究竟,才知统统存放在学校档案室,不见天日;学校的墙上也鲜见各类口号标语,行政楼办公室外面墙上的几句话，可看作"教育无非服务"理念的注脚；某博士于学校"亦乐园"生态建设尽心尽力，计划让考上北大、清华的学生在该园种树并悬挂铭牌，名曰"清北林"，姚校长果断制止。值得一提的是，从创校直至退休，大小会议、各类活动，所有致辞，姚校长从未请人代笔，也从未念过旧稿。这种坚持，在姚校长，也许再自然不过。但我们都知道，多少才华横溢者的精力在学校各类领导致辞中消耗殆尽。姚校长看似难为自己的坚持，无意中成了对荒诞现实的无声反抗。五年前，他的致辞编成教育演讲集《让教育更加尊重生命——姚跃林教育演讲录》。现在，又有了这本《让生命因教育更幸福》。他谦虚地说，这些致辞充其量只能算是厦大附中的内部资料。我却视若珍宝，祈盼它的光芒照亮更多愿意难为自己、改善自己的教育同行：回归理性，回归常识，教育应有所为、有所不为。姚校长选择的"无为"，紧紧联结着他坚持忠于自己、遵从良知、迈向高贵的教育主张。

姚校长的"三无"境界，一点也不玄妙，无非常识。在这些常识中，我悟到了师道的真谛是爱学生。套用夸齐莫多的诗歌来形容姚校长再恰当不过："爱，以神奇的力量，使他和他的学生出类拔萃。"

爱学生的姚校长退休了。他给《让生命因教育更幸福》写的序言题目是"话说完了"。一以贯

之的谦虚语气里，散发着忍不住的关怀。话或许
真的说完了，但情未止。

真爱是永恒的告白。

朱永通

2024 年 5 月 13 日初稿

2024 年 5 月 18 日修订

图书在版编目（CIP）数据

让生命因教育更幸福 / 姚跃林著. —上海：华东师范大学出版社，2024.
— ISBN 978-7-5760-5298-5

I. G52-53

中国国家版本馆 CIP 数据核字第 2024DN2924 号

大夏书系 | 教育常识

让生命因教育更幸福

著　　者　　姚跃林
策划编辑　　朱永通
责任编辑　　韩贝多　潘琼阁
责任校对　　杨　坤
封面设计　　柏丰艺术

出版发行　　华东师范大学出版社
社　　址　　上海市中山北路 3663 号　邮编　200062
网　　址　　www.ecnupress.com.cn
电　　话　　021-60821666　行政传真 021-62572105
客服电话　　021-62865537
邮购电话　　021-62869887
地　　址　　上海市中山北路 3663 号华东师范大学校内先锋路口
网　　店　　http://hdsdcbs.tmall.com/

印刷者　　北京季蜂印刷有限公司
开　　本　　700×1000　16 开
印　　张　　12.5
字　　数　　167 千字
版　　次　　2024 年 9 月第一版
印　　次　　2024 年 9 月第一次
印　　数　　4 100
书　　号　　ISBN 978-7-5760-5298-5
定　　价　　59.80 元

出版人　　　王　焰
（如发现本版图书有印订质量问题，请寄回本社市场部调换或电话 021-62865537 联系）